주문하신 대만 간식 나왔습니다

일러두기

- 매장 주소와 음식 가격은 출간일을 기준으로 작성되었습니다. 변동이 있을 수 있으니 방문 전에 미리 확인하길 권장합니다.
- 음식 이름은 실제 주문할 때 활용할 수 있도록 현지 발음도 함께 표기했습니다.
- 매장 이름은 실제 방문할 때 활용할 수 있도록 현지 발음으로 표기했습니다. 단, 이미 국내에 많이 알려져 부르는 명칭이 굳어진 경우는 편의상 그대로 따랐습니다.
- 본문에 등장하는 일부 표현은 작가가 의도한 느낌을 잘 전달하기 위해 작가의 입말을 그대로 살렸습니다.
- 매장 주소는 해외여행에서 많이 쓰이는 구글맵을 기준으로 작성되었으며, 지도 앱에 바로 연결할 수 있도록 QR코드를 함께 실었습니다.

주문하신
대만 간식
나왔습니다

글·그림 송채원(송차이)

책밥

작가의 말

 안녕하세요! 《주문하신 대만 간식 나왔습니다》를 쓰고 그린 송차이입니다. 본명인 '송채원'을 중국어로 발음하면 '송차이위엔'이라 앞의 세 글자만 따서 '송차이'라는 필명을 짓게 되었어요.

어쩌다 대만?

중학교 때 학교 공부는 하기 싫은데 부모님 눈치가 보여 시늉이라도 해야지 하는 마음으로 집 앞 중국어 학원을 등록했습니다. 그런데 웬걸 중국어 발음을 입 밖으로 내뱉는 것도, 한자를 외우는 것도 너무 재밌더라고요. 자연스럽게 고등학교와 대학교에서 중국어를 전공하게 되었습니다. 오랫동안 한국에서 중국어를 공부하다 보니 문득 회의감이 들었어요. 중국어를 공부하는 목적도 뚜렷하지 않았고 한국에서 중국어를 사용할 수 있는 기회 또한 많지 않았기 때문이에요. 그렇게 중국어를 사용하는 나라에서 언어와 문화를 직접 체험하고 싶다는 생각이 들어 대학교 4학년 마지막 학기를 남겨두고 대만 워킹 홀리데이를 결심하게 되었습니다.

'언어 공부'에 대한 집착은 과감히 버리고 대만을 온몸으로 느끼려 노력했습니다. 길거리에서 취두부를 먹으며 구역질하기도 하고 오토바이를 타고 달리다 입안으로 들어온 벌레를 먹기도 했어요. 한국이었다면 절대로 할 수 없는 것들을 경험하며 대만에 점점 스며들게 되었습니다.

대만이 가진 특유의 분위기와 맛있는 음식들 그리고 너무나도 친절한 현지인들의 도움 덕분에 1년이라는 시간을 정말 알차고 행복하게 보낼 수 있었습니다. 저의 경험이 다른 이에게 보탬이 되었으면 해서 이 책을 쓰게 되었어요. 대만이란 나라에 대한 감사한 마음을 이 책에 가득 담았답니다. 대만이 가진 매력을 저만의 방식으로 재밌게 풀어나가며 여러분에게 즐거움과 영감을 전하고자 합니다.

차
례

작가의 말　　　　　　　　　04
책 사용법　　　　　　　　10
대만의 음식문화　　　　　12

1 야시장

☐ 고구마볼　　　　　　　　　　16
☐ 따창바오샤오창　　　　　　　20
☐ 후추빵　　　　　　　　　　　24
☐ 파파야 우유　　　　　　　　　28
☐ 아보카도 푸딩 우유　　　　　　32
☐ 녹두 우유 스무디　　　　　　　36
☐ 닝샤 야시장 참깨 땅콩 떡 빙수　40
☐ 라오허제 야시장 벌크업 딴삥　44

☐ 라오허제 야시장 탕위엔 빙수　　48
☐ 라오허제 야시장 타로 튀김　　　52
☐ 라오허제 야시장 고구마 탕후루　56
☐ 지룽 야시장 영양 샌드위치　　　60
☐ 지룽 야시장 한입 소시지　　　　64
☐ 지룽 야시장 땅콩 컵 빙수　　　　68

| Tip | 야시장 꿀팁　　　　　　　　71

3 길거리 음식

- ☐ 두부롤 142
- ☐ 로송빵 146
- ☐ 꽈바오 150
- ☐ 호호미 파인애플번 154
- ☐ 황지아 소시지 158
- ☐ 홍두병 162
- ☐ 맥도날드 고구마튀김 166
- ☐ KFC 고구마볼 170
- ☐ 사원 옌수지 174
- ☐ 타이난 바이탕궈 180
- ☐ 타이난 판슈펑 184

2 편의점·마트

- ☐ 차예단 74
- ☐ 세븐일레븐 파니니 78
- ☐ 공작권심병 82
- ☐ 버터 소금 맛 고구마칩 86
- ☐ 공작향소취 90
- ☐ 꽈이꽈이 94
- ☐ 카디나 김 맛 과자 98
- ☐ 구미 102
- ☐ 만한대찬 마라우육면 106
- ☐ 라이커 해물 맛 컵라면 110
- ☐ 큐거트 114
- ☐ 18일 생맥주 118
- ☐ 금색삼맥 꿀 맥주 122
- ☐ 편의점 고구마 126
- ☐ 우유 시리얼 푸딩 130
- ☐ 패밀리마트 아이스크림 134

| Tip | 편의점 아이스크림 주문하는 법 138

4 음료 · 빙수 · 과일

- 스타벅스 호지차라테 190
- 레몬 요구르트 194
- 커부커 홍차 요구르트 198
- 우스란 아이스크림 홍차 202
- 우스란 홍차마키아토 206
- 더정 다크 우롱 버블티 210
- 더정 레몬 우롱차 214
- 파파 얼그레이 요거트 스무디 218
- 파파 파인애플 패션후르츠 요거트 스무디 222
- 쩐쭈단 타로 우유 226
- 레몬 커피 230
- 동과 레몬차 234
- 또우화 238
- 자이 또우장 또우화 242
- 패션후르츠 요거트 빙수 246
- 자오시 망고 우유 빙수 250
- 전통 아이스크림 254
- 애플망고 258
- 석가 262

5 아침 식사 전문점

- 또우장 268
- 또우장 홍차 272
- 미장 276
- 딴삥 280
- 판투안 284
- 흑미 판투안 288
- 매쉬드 포테이토 딴삥 292
- 루라오삥과 해시 브라운 딴삥 296
- 쩐꽝 숯불 토스트 300
- 참치샐러드 딴삥 304
- 시그니처 판투안 308
- 타이난 치즈 폭포 딴삥 312

6 여행 선물 리스트

- 치아더 펑리수 318
- 쥬에린 에그롤 322
- 써니힐 펑리수 326
- 써니힐 핑궈수 330
- 이메이 미니 에그롤 334
- 태양당노점 태양병 338
- 라뜰리에 루터스 누가크래커 342
- 라쁘띠펄 누가크래커 346

에필로그 350

책 사용법

대만 여행 준비 과정은 물론 여행 도중에도 이 책과 함께 다닐 수 있도록 한 손에 들어오는 작은 크기의 책으로 만들었어요. 짧은 글과 만화로 대만 음식에 담긴 이야기를 저만의 시선으로 풀어내고자 노력했습니다. 해외여행에서 자주 쓰이는 구글맵 주소를 QR코드로 담았고 현지에서 바로 써먹을 수 있는 주문 방법과 추천 메뉴도 모두 알려드립니다.

★　　　누구나 좋아할 성공률 100% 맛
★★　　약간의 도전 정신이 필요한 맛
★★★　진짜 대만을 느낄 수 있는 현지의맛

대만 음식을 처음 접하는 사람부터 N차 대만 여행으로 대만을 제대로 느껴보고 싶은 사람까지 각자 취향에 맞는 선택을 할 수 있도록 음식별 난이도도 기록해 두었으니 참고해 주세요.

《주문하신 대만 간식 나왔습니다》와 함께 여러분도 다양한 도전을 시도해 보며 여행의 진정한 즐거움을 발견할 수 있었으면 해요. 시작부터 끝까지 즐겁고 맛있는 대만 여행을 할 수 있길! 우리 같이 대만의 숨겨진 간식 세계로 떠나볼까요? 책을 펼칠 때마다 새로운 도전이 여러분을 기다리고 있을 거예요. 그럼, 모두 맛있는 대만 여행 즐기세요!

대만의 음식문화

대만의 음식은 소박하면서도 따뜻한 매력을 가지고 있어 한번 먹으면 오랜 시간이 지나도 계속 생각난답니다. 자연스러운 합석 문화와 쉽게 지나치지 못하는 길거리 음식점들 그리고 대만 사람들의 친절함까지! 그 모든 것이 모여 '대만의 맛'을 만들어 내지요. 누구보다 맛있는 것에 진심인 대만, 저와 함께 조금 더 자세히 들여다보아요.

합석 문화

대만은 우리나라와 다르게 식당에서 빈자리가 생기면 다른 일행과 좌석을 공유하는 것이 자연스럽습니다. 처음에는 당황스러울 수 있지만, 같이 한 식탁을 공유하기 때문에 조금 더 가까이에서 현지인의 메뉴를 슬쩍 살펴볼 수 있어요. 또 새로운 대만 친구를 사귈 수 있는 기회도 생긴답니다.

주문 방식

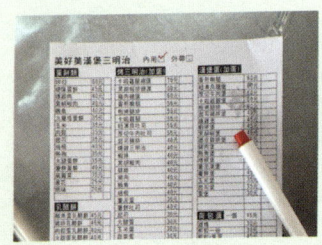

가게마다 주문 방식은 천차만별이지만, 종이나 코팅된 주문서에 원하는 메뉴와 수량을 직접 표시한 다음 계산대에 가져다주는 방식이 많습니다. 보통 주문서는 가게 입구 혹은 계산대 근처에 펜과 함께 놓여있어요.

아침 식사 문화

대만 사람들에게 아침 식사는 하루 중 가장 중요한 부분을 차지한다고 해요. 우리나라는 아침 일찍 문 여는 식당도, 아침 식사만 전문적으로 파는 곳도 많이 사라졌지만 대만은 아니랍니다. 집에서 아침 식사를 직접 해 먹기보다는 바깥에서 해결하는 경우가 일반적이에요. 이것이 오전 5~6시에 문을 열고 점심시간쯤 문을 닫는 아침 식사 전문점이 생겨난 이유랍니다. 호텔 조식은 포기해도 대만식 아침 식사는 포기하지 마세요. 아침 식사 전문점에서 먹는 한 끼는 대만만의 색다른 아침 풍경과 분위기를 가까이에서 느낄 수 있는 기회랍니다.

대만의 야시장

대만 야시장은 달콤한 디저트부터 시원한 음료 그리고 든든한 한 끼 식사까지 모든 걸 한 번에 해결할 수 있어 현지인들도 이곳에서 저녁 식사를 하고는 합니다. 어두워질수록 더 밝게 빛나는 야시장은 현지인들과 소통하며 음식에 담긴 그들의 이야기와 그 맛을 경험할 수 있는 곳이에요. 보통 11자 형태로 거리 양옆에 음식을 파는 노점과 가게가 쭉 늘어서 있어요. 우측통행이 원칙이기 때문에 앞사람 따라 오른쪽으로 붙어 야시장의 끝까지 간 다음 다시 돌아 처음 들어왔던 야시장의 입구로 나오면 깔끔하게 한 바퀴 돌아볼 수 있습니다. 야시장은 관광객이 많이 찾는 곳이기 때문에 중국어가 아니어도 얼마든지 소통할 수 있어요.

1
야시장

대만의 밤을 환하게 밝혀주는 야시장은 대만의 낮과는 또 다른 매력을 가지고 있어요. 다양한 음식과 반짝이는 불빛 그리고 세계 각지에서 온 여행객들이 어우러져 절로 흥겨워지는 장소랍니다. 야시장에서 놓치면 안 될 음식은 물론이고 관광객에게 잘 알려지지 않은 숨겨진 음식까지 모두 담았습니다. 대만 문화와 현지인의 삶이 가장 진하게 녹아 있는 야시장으로 여러분을 안내하겠습니다.

고구마볼

난이도 ★

야시장

✕ **메뉴명**
띠과쵸(地瓜球)

📍 **판매처**
야시장 및 길거리 가게

💰 **가격**
30~50元, 점포마다 상이

야시장 음식의 근본

야시장 메뉴 중 가장 기본이라고 할 수 있는, 안 먹으면 섭섭한 띠과쵸입니다. 고구마를 의미하는 '띠과地瓜'와 둥근 모양을 의미하는 '쵸球' 이름에서 알 수 있듯 고구마로 만든 동글동글한 튀김을 말합니다. 한 봉지 사서 먹고 다니며 그다음 무얼 먹을지 스캔하는 게 대만 야시장의 국룰이죠. 고구마 반죽을 기름에 넣는 순간 동그란 모양으로 부풀게 되는데, 이 과정에서 속은 텅 비고 겉은 바삭한 고구마볼이 됩니다. 튀긴 고구마볼을 꺼내 기름을 빼고 한 김 식혀주면 은은한 고구마 향과 쫄깃한 식감의 고구마볼이 완성입니다.

현지인처럼 고구마볼 먹기

아무것도 뿌리지 않고 먹어도 되지만 진짜 대만의 맛을 느끼고 싶다면 매실 가루를 뿌리는 걸 추천합니다. 새콤달콤한 맛을 가진 매실 가루가 고소한 고구마볼과 만나 중독적인 맛을 만들어낸답니다.

고구마볼은 금방 튀겼을 때가 가장 맛있는데요. 가끔가다 미리 튀겨 판매하는 가게도 있는데, 이는 눅눅하고 질겨 고구마볼의 매력을 느낄 수 없어요. 지나가다 가게 사장님이 열심히 튀기고 있는 모습을 발견한다면 그 즉시 사서 맛보세요. 매실 가루도 잊지 마시고요.

인생 고구마볼 찾는 법

고구마볼은 모든 야시장에서 구매할 수 있습니다. 구글맵에 '띠과쵸地瓜球'를 검색하면 됩니다. 사람들이 많이 찾는 야시장의 유명한 고구마볼 가게 몇 곳을 소개하겠습니다. 고구마볼 가게는 야시장마다 있는 흔한 가게이므로 소개한 가게가 아니더라도 지나가다 보이면 그때그때 바로 사 먹으면 됩니다. 막 튀기고 있는 가게에서 사 먹는 게 베스트예요.

▶ 송차이 툰

대만 야시장의 띠과쵸

야시장에서 애피타이저로 꼭 먹어야 하는 기본 메뉴

'고구마볼'이라는 뜻의 야시장 간식, **띠과쵸**

속이 텅빈 찹쌀도넛 느낌

고구마 향이 은은해 라이트한 맛!

한 봉지 사서 먹으면서 다음 타깃을 스캔하는 게 국룰

애피타이저로 입맛 싹 돌게 하기 좋아요!

고구마볼이 기름에 튀겨지고 있다면 바로 줄 서기

매실 가루.. 조심하세요
뿌릴클 가루 급으로 중독성 있으니께

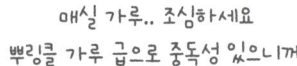

시즈닝도 선택 가능한데

매실 가루를 강력히 추천해요

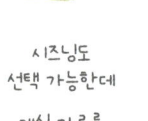

Map

닝샤 야시장

나거 띠과쵸(那個地瓜球)

📍 103, Taipei City, Datong District, Ningxia Rd

라오허제 야시장

콰이러 큐큐쵸 띠과쵸(快樂QQ球地瓜球)

📍 105, Taipei City, Songshan District, Raohe St, 162號NET旁

스린 야시장

샤오황 띠과쵸(小皇地瓜球)

📍 No. 25, Wenlin Rd, Shilin District, Taipei City, 111

공관 야시장

취엔수 띠과쵸(全素地瓜球)

📍 No. 8-1, Ln 108, Roosevelt Rd, Section 4, Zhongzheng District, Taipei City, 100

Memo

주문하는 순서

① 크기 선택

小份 / 작은 사이즈
大份 / 큰 사이즈

② 가루 선택

原味 / 오리지널(가루 없이)
梅子粉 / 매실 가루

*매실 가루를 꼭 뿌려 드세요.
매실 가루로 완성되는 맛!

따창바오샤오창

✗ **메뉴명**
따창바오샤오창(大腸包小腸)

📍 **판매처**
야시장 및 길거리 가게

💰 **가격**
40~50元, 점포마다 상이

이름부터 귀여운 따창바오샤오창

대만 야시장과 길거리에서 맛볼 수 있는 따창바오샤오창은 '작은 소시지를 안고 있는 큰 소시지'라는 귀여운 뜻을 가지고 있어요. 쌀로 만든 소시지가 분홍 소시지를 안고 있는 듯해 이러한 이름을 가지게 되었답니다. 한 손에 쏙 들어오는 크기로 들고 다니면서 먹기 좋은 대만의 대표적인 길거리 간식입니다.

T-핫도그, 따창바오샤오창

겉을 감싼 흰 소시지는 찹쌀로 만들어 쫄깃함을 자랑하고요. 속은 뽀득뽀득하면서도 숯불 향을 잔뜩 머금은 달콤한 대만식 소시지가 들었습니다. 가게마다 소스 종류도 조금씩 다르고 굽는 방식과 시간도 천차만별이라 먹을 때마다 항상 새로운 맛을 느낄 수 있어요. 가장 좋아하는 소스는 마늘 소스로 한국인이라면 틀림없이 좋아할 만한 녹진한 소스입니다. 소스 종류는 가게마다 조금씩 다르지만 대부분 마늘, 간장, 바질, 바비큐, 후추, 고추냉이 정도가 있습니다.

따창바오샤오창을 주문하면 보통 비닐로 한 겹 감싸고 종이봉투에 담아 줄 거예요. 윗부분부터 먹으면서 종이봉투 아래쪽을 돌돌 꼬아주세요. 그러면 따창바오샤오창이 위로 조금씩 올라오면서 깔끔하게 먹을 수 있답니다. 쫀득쫀득한 찹쌀 소시지와 뽀득뽀득한 대만식 소시지를 입안 가득 베어 물면 달콤함과 재미있는 식감에 푹 빠져들고 말 거예요. 따창바오샤오창의 모양이 우리가 흔히 알고 있는 핫도그의 모양과 똑같다고 하여 '타이완 핫도그'로도 부릅니다. 식감도 풍부하고 깊은 맛을 자랑하는 T-핫도그, 따창바오샤오창 한번 맛보세요.

송차이 툰

대만 야시장의 따창바오샤오창

야시장이나 길거리에서 쉽게 볼 수 있는 국민 간식!

작은 소시지를
안고 있는 큰 소시지

= 따창바오샤오창
(大腸包小腸)

겉은 쌀로 만든
찹쌀 소시지

속은 숯불 향 가득
고기 소시지

흰 소시지가
분홍 소시지를
안고 있는듯한
귀여운 비주얼!

가게마다 소스 종류도
조금씩 달라
먹는 재미까지!
(최애는 마늘 소스)

쫀득한 찹쌀 소시지와
뽀득한 대만 소시지의
조합이 미쳐요..

짤깃뽀도독 식감과
짭짤달콤 소스가
중독적..

T-핫도그 따창바오샤오창,
야시장에서 한번 맛보세요!

Map

라오허제 야시장
차오런 따창바오샤오창(超人大腸包小腸)

📍 105, Taipei City, Songshan District, Raohe St, 175號門口路中

시먼딩 야시장
우라이에 위엔주민 뿌만주 따창바오샤오창 (烏來ㄟ原住民不滿族大腸包小腸)

📍 No. 49, Emei St, Wanhua District, Taipei City, 108

스린 야시장
위엔주민 뿌만주 따창바오샤오창(原住民不滿足大腸包小腸)

📍 No. 3, Lane 101, Wenlin Rd, Shilin District, Taipei City, 111

Memo

가게에 따라 고수를 올려주는 곳도 있으니 원하지 않는다면 주문 전에 "**부야오 샹차이**不要香菜, 고수 빼 주세요."라고 말해 주세요.

후추빵

✕ 메뉴명
후자오삥(胡椒餅)

📍 판매처
야시장 및 길거리 가게

💰 가격
60元, 점포마다 상이

후추빵 이름에 담긴 이야기

대만 야시장 먹거리로 유명한 후추빵. 후추빵에 대해서 많이 들어 보았을 텐데요. 후추빵 이름에 숨겨진 이야기를 소개하겠습니다. 후추빵이라는 이름 때문에 후추가 가득 들어있는 줄 아는 사람이 많더라고요. 사실은 후추 때문이 아니랍니다. 원래 중국의 푸저우 지역 방식으로 만든 빵(화덕 속에 넣어 그 열로 빵을 굽는 방식)이라 푸저우 빵이라는 뜻의 '푸저우삥福州餅'으로 불렸는데요. 후추라는 뜻의 후쟈오胡椒와 발음이 비슷해 점차 '후쟈오삥胡椒餅'으로 불리게 되었답니다. 만드는 과정 중 후추가 들어가긴 하지만 후추빵이 된 데는 이러한 이야기가 숨어 있다고 해요.

겉바속촉의 끝판왕, 후추빵

후추빵의 특징은 겉은 바삭하고 속은 고기 육즙으로 촉촉하며, 화덕에 구워 숯불 향이 가득 배어 있다는 점이에요. 반죽에 고기와 파를 넣어 감싼 후 화덕 벽면에 붙여 겉이 바삭해질 때까지 굽고, 한 김 식혀주면 속은 뜨끈하고 겉은 바삭한 후추빵이 완성됩니다. 반죽이 두꺼우면 눅눅하고 반대로 너무 얇으면 굽는 과정에서 부서지기 쉬우니 알맞은 두께로 만드는 고도의 기술이 필요하다고 합니다.

육즙을 조심해주세요!

화덕에서 굽는 빵인 만큼 구입 후 바로 드시는 게 가장 맛있는데요. 겉은 금방 식어 뜨겁지 않지만 속은 아주 뜨거운 육즙으로 가득하기 때문에 조심하지 않으면 입천장이 데기 쉬워요. 육즙이 손으로 흐르면 화상을 입을 수 있습니다. 경험에서 우러나온 조언이니 다들 조심하세요.

송차이 툰

겉바속촉 화덕 후추빵

대만 야시장뿐 아니라 길거리 음식으로도 유명한 후추빵

화덕 속에서
겉은 바삭하고
속은 촉촉하게
구워 낸답니다

쫄깃한 반죽으로
고기와 파를 감싸고

예열된 화덕의
벽에 후추빵을
다닥다닥 붙여준 다음

숯불 향이 가득
속은 고기 육즙으로
촉촉함이 두 배!

15~20분 후
화덕에서 꺼내

한 김 식혀주면
후추빵 완성

라오허제 야시장의 후추빵이 가장 유명!

야시장이 열리는
5시에 도착하면
기다림 없이
사 먹을 수 있음

고기 향과 숯불 향이 가득해
누구나 실패 없는 후추빵

속의 육즙이
아주 뜨거우니
데이지 않게 조심

Map

라오허제 야시장

복주세조호초병(福州世祖胡椒餅)

📍 105, Taipei City, Songshan District, Raohe St, 249號前

스린 야시장

난강 라오쟝 후쟈오삥(南港老張胡椒餅)

📍 No. 181, Jihe Rd, Shilin District, Taipei City, 111

닝샤 야시장

푸저우 후쟈오삥 탄(福州胡椒餅攤)

📍 No. 45, Ningxia Rd, Datong District, Taipei City, 103

길거리 가게

따챠오토우 후쟈오삥(大橋頭胡椒餅)

📍 No. 口號, Lane 272, Section 2, Yanping N Rd, Datong District, Taipei City, 103

푸위엔 후쟈오삥(福元胡椒餅)

📍 No. 42-19, Huayin St, Datong District, Taipei City, 103

Memo

라오허제 야시장의 후추빵이 가장 유명한데요. 야시장 입구에 있어 쉽게 찾을 수 있어요. 사람이 몰리는 시간에 가면 30분까지도 대기해야 합니다. 야시장이 막 열리는 오후 5시에 딱 맞게 도착하면 기다리지 않고 먹을 수 있어요.

파파야 우유

✗ **메뉴명**
무과 뇨나이(木瓜牛奶)

📍 **판매처**
야시장 및 생과일주스 전문점

💰 **가격**
30~80元, 점포마다 상이

대만의 흔한 과일, 파파야

파파야는 한국에서 보기 힘든 과일 중 하나지만, 대만에서는 우리나라의 사과와 귤만큼 흔하게 볼 수 있는 과일이랍니다. 노르스름하면서도 연한 초록빛을 띠는 파파야는 겉과 다르게 속은 진한 주황색 과육이 가득 차 있고, 동글동글한 작은 씨앗이 여러 개 콕콕 박혀 있어요. 생각보다 달거나 과즙이 풍부하지 않아서 파파야 우유로 만들어 먹는 편인데요. 이것이 가장 대만다운 방식이면서도 맛있게 먹는 방법입니다.

파파야 우유가 만들어지는 과정

파파야를 손질해 숭덩숭덩 잘라 믹서기에 넣고 고소한 우유와 시럽을 살짝 부은 후 갈아주면 완성입니다. 파파야의 슴슴함이 우유와 만나게 되면 아예 새로운 고소한 맛으로 재탄생한답니다. 파파야 우유를 파는 곳은 편의점, 마트, 야시장, 생과일주스 전문점 등 다양하지만 편의점과 마트에서 파는 것은 추천하지 않습니다. 파파야 향과 달기만 한 색소만 가득 들어간 음료이기 때문이에요. 진짜 파파야로 만드는 야시장이나 생과일주스 전문점에서 사 먹는 걸 추천해 드립니다. 밀크셰이크처럼 걸쭉하면서도 바나나와 비슷한 파파야의 고소함과 은은한 단맛이 강조된 맛이라 부담 없이 마시기 좋아요.

파파야의 특징

파파야는 손질 후 시간이 지나면 점점 떫고 쓴맛이 강해집니다. 파파야로 만든 생과일주스 또한 시간이 지나면 단맛이 약해지니 받자마자 바로 마시는 걸 추천해 드려요. 사실 너무 맛있어서 금방 마셨기 때문에 떫은맛은 아직 한 번도 못 느껴봤답니다.

송차이 툰

자꾸 생각나는 파파야 우유
한국에서는 흔히 볼 수 없는 과일 파파야

대만의
편의점이나 마트,
야시장에서
볼 수 있는 과일로

관광객 사이에선
편의점에서 파는
파파야 우유가
유명하지만

주황빛의 과육이
특징인 파파야는
여름과 가을이 제철

달기만 한
파파야 향 음료라
추천하지 않음

진짜 파파야 우유는 야시장에 있답니다

파파야를 갈라
씨를 긁어내고

숭덩숭덩 잘라 우유와
함께 갈아주면 완성!

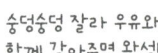

바나나와 단감
그 중간 어디쯤
이국적인 달콤한 맛!

파파야는 시간이 지나면
떫어지니 바로 마시기!

Map

닝샤 야시장

뽀띠뽀띠 시엔쭈어 인랴오(波諦波諦鮮做飲料)

파파야 우유 외에도 녹두 우유 스무디, 용과 요구르트, 타로 우유 등 다양한 대만식 생과일주스와 음료를 맛볼 수 있는 곳이라 추천합니다. 현지인들에게 인기가 아주 많은 곳입니다.

📍 No. 198-16, Minsheng W Rd, Datong District, Taipei City, 103

통니엔 무과 뇨나이(童年木瓜牛奶)

📍 103, Taipei City, Datong District, Ningxia Rd, 114號

라오허제 야시장

시꺼 무과 뇨나이(西哥木瓜牛奶)

📍 105, Taipei City, Songshan District, Raohe St, 153號前路中攤位

길거리 가게

궈궈썅(果果香)

타이베이 메인역 인근에 있는 가게예요.

📍 No. 26-9, Xinyang St, Zhongzheng District, Taipei City, 100

아보카도 푸딩 우유

✕ 메뉴명
루어리 뿌딩 뇨나이(酪梨布丁牛奶)

📍 판매처
야시장, 생과일주스 전문점, 과일 가게 등

💰 가격
70~100元, 점포마다 상이

신비로운 음료, 아보카도 푸딩 우유

마시기 전까지는 그 맛과 매력을 절대 알 수 없는 비밀스러운 음료가 하나 있어요. 바로 대만의 신비로운 음료인 아보카도 푸딩 우유입니다. 아보카도와 푸딩 그리고 우유라는 낯선 조합이 입안에서 만나는 순간, 깜짝 놀라게 될 텐데요. 아보카도의 달짝지근하고 고소한 매력 뒤로 따라오는 푸딩의 부드러움과 우유의 은은한 향이 완벽한 조화를 이루기 때문이에요.

아보카도 푸딩 우유의 시작

오래전 아보카도가 대만에 들어왔을 때 대만 사람들은 낯선 아보카도를 어떻게 먹어야 할지 몰랐다고 해요. 그러다 생각해 낸 방법이 푸딩과 우유를 함께 넣고 믹서기에 갈아 마시는 것이었죠. 아보카도를 갈아서 음료로 만들 생각을 하다니 음료 강국다운 맛있는 발상이죠?

대만 여행의 달콤한 기억, 아보카도 푸딩 우유

보기만 해도 기분이 좋아지는 연둣빛 아보카도 푸딩 우유는 관광객보다 현지인에게 더욱 사랑받는 비밀스러운 음료입니다. 작은 컵에 담긴 대만의 맛을 한마디로 표현하기 어렵지만 '맛있다'라는 표현만으로는 부족한 음료예요. 아보카도 푸딩 우유는 단순한 음료를 넘어서 대만만의 분위기와 추억이 담겨 있는 것 같아요. 한국으로 돌아가는 비행기 안에서 반드시 생각날 그런 포근한 맛이랍니다.

송차이 툰

충격의 아보카도 푸딩 우유

대만 사람들이 아보카도를 가장 맛있게 먹는 방법

아보카도가 대만으로 들어왔을 때

아보카도, 푸딩, 우유
솔직히 맛있게 느껴지는
조합은 아니잖아요?

낯설고 신기한
외국 과일을
먹는 방법을 몰라

하지만
한 모금 마셨을 때
너무 맛있어서
충격 그 자체였던 음료

푸딩과 우유를 함께
갈아 마시던 것이

이 음료의
탄생 배경

아보카도의 풋풋한
풀 내음은 없고

은은한 고소함과
달짝지근함이
매력적

고소함과 부드러움을
느낄 수 있으며

푸딩과 우유를 넣어
부드럽고 달콤해요

한국에선 절대
맛볼 수 없는
특별하고 완벽한
인생 음료랍니다.

Map

타이베이 시내

위엔궈(原果)

📍 No. 109, Tonghua St, Da'an District, Taipei City, 106

통니엔 무과 뇨나이(童年木瓜牛奶)

📍 103, Taipei City, Datong District, Ningxia Rd, 114號

찌우슬 주스 루어리 뇨나이(就是juice酪梨牛奶)

📍 105, Taipei City, Songshan District, Raohe St, 185號

타이난 시내

리리 과일 가게(莉莉水果店)

📍 No. 199, Section 1, Fuqian Rd, West Central District, Tainan City, 700

타이청 과일 가게(泰成水果店)

📍 No. 80, Zhengxing St, West Central District, Tainan City, 700

녹두 우유 스무디

✗ **메뉴명**
뤼또우샤 뇨나이(綠豆沙牛奶)

📍 **판매처**
야시장, 프랜차이즈 카페, 녹두 음료 전문점

💰 **가격**
60元, 점포마다 상이

대만이 사랑하는 녹두

한국은 녹두로 만든 음료를 찾아보기 힘들지만, 대만에서는 녹두로 만든 음료를 자주 발견할 수 있어요. 대만은 녹두를 갈아 얼려 스무디 음료로 만들어 마시고는 합니다. 스무디를 가리킬 때 '모래沙'라는 뜻을 가진 한자를 사용해요. 녹두 우유 스무디가 아니더라도 음료 메뉴판에서 이 한자를 발견한다면 스무디 종류라는 점 기억해 주세요. 녹두 음료는 두 가지가 있는데, 말 그대로 녹두를 갈아 얼려 만든 '녹두 스무디'와 우유가 추가된 '녹두 우유 스무디'가 있어요. 그중 좀 더 부드럽고 고소한 맛이 강한 녹두 우유 스무디를 추천하고 싶어요.

까끌까끌 녹두 우유 스무디

녹두 우유 스무디는 야시장, 프랜차이즈 카페, 녹두 음료 전문점 등 다양한 곳에서 찾아볼 수 있는데요. 컵에 우유를 먼저 부은 후 그날 만든 신선한 녹두 스무디를 컵이나 국자로 한가득 퍼서 눌러 담아 줍니다. 아래층에 깔린 우유와 살짝 얼린 녹두 스무디가 잘 섞일 수 있도록 빨대로 열심히 휘적휘적한 다음 한 모금 마셔보면 고소한 맛과 까끌까끌한 식감에 깜짝 놀라게 될 거예요. 팥과 비슷한 맛이지만, 텁텁한 맛은 하나도 없고 좀 더 고소해서 질리지 않아요. 스무디일 때가 가장 맛있으니 녹기 전에 얼른 마셔야 해요. 녹두 본연의 맛과 매력을 잘 살린 대만 음료라고 생각합니다.

송차이 툰

꼬수움의 정석, 녹두 우유 스무디

야시장이나 길거리에서 자주 보이는 녹두 음료 전문점!

대만 사람들이
좋아하는 음료라
음료 가게에서
쉽게 발견 가능한 메뉴

녹두 스무디와 녹두 우유 스무디 중 선택 가능

'녹두 우유 스무디'를
가장 좋아해요

녹두를 갈아
스무디처럼 만들어
시원하게 마시는
음료랍니다

綠豆沙牛奶

녹두　　모래　　우유
　　　(=스무디)

우유 위로 녹두 스무디를 가득 담아 주는데요

아래의 우유와
잘 섞어 마셔야
고소함이 두 배!

녹두를 그대로 갈아
까끌한 식감이 살아 있어요!

텁텁하지 않은
담백 고소한 맛이라
더위와 갈증이
싹 해소되는 음료

Map

닝샤 야시장

량띠엔 뤼또우샤(兩點綠豆沙)

📍 103, Taipei City, Datong District, 第16攤

라오허제 야시장

칭쉐이챠썅(清水茶香)

📍 No. 45, Raohe St, Songshan District, Taipei City, 105

스린 야시장

칭커찌엔(頃刻間)

📍 No. 1, Xiaobei St, Shilin District, Taipei City, 111

길거리 가게

칭쉐이챠썅 난시점(清水茶香 南西店)

📍 No. 101, Nanjing W Rd, Datong District, Taipei City, 103

량띠엔 공관점(兩點 公館店)

📍 No. 185, Section 3, Tingzhou Rd, Zhongzheng District, Taipei City, 100

Memo

녹두 우유 스무디는 포만감이 엄청난 음료기 때문에 혼자서 마시게 되면 배가 빨리 불러 다른 음식을 즐기지 못할 수도 있어요. 혼자 마시기보다는 친구나 가족과 나눠 마시는 걸 추천합니다.

난이도
★

야시장

닝샤 야시장
참깨 땅콩 떡 빙수

✖ **메뉴명**
즐마 화성 마슈삥(芝麻花生麻糬冰)

📍 **판매처**
린쩐짜오샤오마슈(林振櫂燒麻糬)

💰 **가격**
한 그릇 75元

옹골찬 닝샤 야시장

닝샤 야시장은 스린, 라오허제와 같은 야시장들에 비해 비교적 작지만 현지인의 비율이 높은 야시장입니다. 여러 골목으로 이루어진 다른 야시장들과 달리 하나의 도로변에서 열리는 작은 규모의 야시장으로 로컬 분위기를 한껏 느낄 수 있는, 진짜 맛집들이 숨어 있는 옹골찬 야시장이랍니다.

닝샤 야시장만의 특별 메뉴

앞서 소개한 고구마볼, 후추빵, 소시지와 같이 다른 야시장에서도 흔히 볼 수 있는 음식들이 아닌, 오직 닝샤 야시장에서만 맛볼 수 있는 '참깨 땅콩 떡 빙수'를 소개합니다. 떡을 커다란 판에 말랑말랑해질 때까지 끓여 익힌 후 빙수를 장식하는데요. 떡 빙수를 주문하면 말랑한 떡을 한 입 크기로 잘라 참깨와 땅콩 가루에 버무리고 연유와 시럽을 얹은 얼음 빙수 위로 올려 줍니다.

푹 끓인 떡이라 쫄깃하면서도 부드럽고요. 떡을 감싼 참깨와 땅콩 가루는 고소함을 더해주어 완벽한 빙수 토핑이 됩니다. 시럽과 연유가 골고루 섞인 고운 얼음을 떡과 함께 숟가락 가득 퍼서 한입에 넣으면 대만에 눌러앉고 싶은 마음이 절로 듭니다.

닝샤 야시장에서 가장 인기가 많은 가게 중 하나이기 때문에 피크 타임에 가면 대기 시간이 아주 길어요. 야시장이 막 시작되는 오후 5시에 도착해 미리 줄을 서면 대기 없이 빠르게 먹을 수 있습니다.

▐ 송차이 툰

닝샤 야시장 마무리는 떡 빙수
길거리에 앉아 먹는 시원한 떡 빙수

닝샤 야시장에서
떡 빙수를
안 드셨다고요?

커다란 판 위에
뜨끈하게 끓인

손바닥 크기의
쫀득한 떡

당장 비행기 표 끊고
다시 다녀오세요

닝샤의 숨은 보물을
지금 소개합니다

참깨와 땅콩 가루를
고루 묻혀준 다음

한입 크기로 잘라

시럽과 연유를
듬뿍 얹은

뽀얀 얼음 위로
떡을 올리면 완성!

다른 야시장에는 없는
닝샤 야시장만의 특별 메뉴랍니다

얼음과 떡을 한가득
입에 넣어주면

감동의 눈물이
차오르는 맛

Map

닝샤 야시장

린쩐쨔오샤오마슈(林振櫂燒麻糬)

📍 103, Taipei City, Datong District, Ningxia Rd, 97號

Memo

떡은 갓 나왔을 때 가장 따끈하고 말랑한데 얼음과 만나게 되면 금세 굳어요. 받자마자 바로 먹어야 한답니다.

라오허제 야시장
벌크업 딴삥

✕ 메뉴명
딴삥(蛋餅)

◉ 판매처
왓에버 지지 추이피딴삥
(What ever GG 脆皮蛋餅)

💰 가격
60~80元, 메뉴마다 상이

야시장과 딴삥이 만나면

 딴삥은 대만 사람들의 단골 아침 메뉴로 속이 부담스럽지 않은 담백하고 부드러운 맛이 특징인데요. 야시장에서 딴삥을 만나게 되면 완전히 새로운 모습으로 재탄생합니다. 관광객보다 현지인에게 인기를 끌고 있는 로컬 맛집으로, 대만 인플루언서 사이에서 꼭 먹어야 하는 라오허제 야시장의 음식 중 하나로 입소문을 탄 딴삥입니다.

벌크업 완료, 거대 딴빙

오직 라오허제 야시장에서만 먹어 볼 수 있는 벌크업 딴빙. 길 모퉁이에 있는 노점 철판 위에서 커다란 딴빙을 바로 만들어 주는데요. 크기가 압도적인 데다 아침에 먹는 딴빙과 다르게 속에 들어가는 재료가 많아 깜짝 놀랐어요. '이건 딴빙이 열심히 운동해서 벌크업한 것 같다'는 생각이 저절로 들었죠. 원래 딴빙은 동그란 모양의 전병에 재료를 넣어 돌돌 말지만 이곳은 사각형 모양의 전병에 달걀, 옥수수, 파가 기본으로 들어가고 양배추, 버섯, 치즈, 해시 브라운 등 다양한 재료를 취향대로 추가 주문할 수 있어요. 들어가는 재료의 양이 많아 돌돌 말기보다 간신히 접는다는 표현이 더 어울릴 듯합니다.

야채가 많이 들어간 딴빙이 먹고 싶다면 양배추, 파, 새송이버섯이 들어간 싼허이三合一를 먹어보세요. 취향에 따라 슈레드 치즈인 루라오쓰乳酪絲를 추가하면 더욱 고소한 딴빙을 먹을 수 있어요. 야채보다는 고소한 맛이 강조된 딴빙이 취향이라면 해시 브라운과 치즈가 들어간 치스슈빙起司薯餅을 추천합니다. 양이 많으니 2~3명이 나눠 먹어도 충분해요.

라오허제 야시장의 벌크업 딴빙

라오허제 야시장에서만 맛볼 수 있는 든든한 간식

딴빙이란 대만의
아침 식사 메뉴로
부담 없는 크기와
깔끔한 맛이 특징

엄청난 크기와 묵직함을 자랑한답니다

길 모퉁이에 있는
노점 철판 위로
펼쳐지는

하지만 아침 식사
전문점이 아닌
야시장에서
만들어진다면..

벌크업 딴빙이
만들어지는 모습은
경이로운 수준

추천 메뉴는
아래와 같아요

싼허이 찌아 루라오쓰
(三合一加乳酪絲)

양배추, 파, 버섯, 치즈 딴빙

치스슈빙(起司薯餅)
해시 브라운, 치즈 딴빙

두 명이 나눠 먹어도
배부른 팔뚝만 한 벌크업 딴빙

46

Map

라오허제 야시장

왓에버 지지 추이피딴뼁(Whatever GG 脆皮蛋餅)

📍 105, Taipei City, Songshan District, Raohe St, 108號號門口

Memo

보통 주문할 때 파를 넣을지 말지 여부를 먼저 물어보세요. 만약에 원하지 않는다면 "부야오 총화不要蔥花, 파는 빼 주세요."라고 말하면 됩니다.

라오허제 야시장 탕위엔 빙수

✕ **메뉴명**
삥훠 탕위엔(冰火湯圓)

📍 **판매처**
핀위엔 삥훠 탕위엔(品元冰火湯圓)

💰 **가격**
참깨·땅콩 탕위엔 빙수 80元
반반 탕위엔 빙수 90元

가장 뜨겁게 그리고 가장 차갑게

대만에서는 동글동글한 모양의 떡을 '탕위엔湯圓'이라 불러요. 탕위엔이 올라간 빙수를 '삥훠 탕위엔'이라고 하는데, 이는 '차가우면서도 뜨거운 동글한 떡'이라 해석할 수 있어요. 팔팔 끓는 물에 탕위엔을 넣어 말랑말랑 쫀득해질 때까지 익힌 다음 곱게 간 차가운 얼음 위에 올려 먹기 때문에 이런 이름이 붙게 되었습니다.

옆 테이블에 앉은 현지인보다 완벽하게 먹는 법

라오허제 야시장의 〈핀위엔 뻥훠 탕위엔〉에서 판매하는 탕위엔은 참깨와 땅콩 두 가지 맛이 있는데요. 두 가지 탕위엔을 모두 맛볼 수 있는 7번 메뉴, 반반 탕위엔 빙수를 추천합니다. 가게 입구에 놓인 주문서에 원하는 메뉴 번호를 표시한 후 안내한 자리로 가서 기다리면 탕위엔 빙수가 금방 나와요. 뜨거운 탕위엔과 차가운 얼음이 만나 김이 모락모락 나는 게 포인트랍니다. 말랑말랑한 탕위엔은 얼음과 만나면 점점 굳어지기 때문에 쫀득한 식감일 때 빠르게 먹는 걸 추천합니다.

테이블에 놓인 시럽을 탕위엔 빙수 위로 잔뜩 뿌려주세요. 이는 계수나무꽃으로 만든 달콤한 시럽인데요. 걸쭉하지 않고 흐르는 농도에 인위적인 단맛이 아닌, 꿀 향이 향긋하게 나는 자연적인 단맛이라 질리지 않고 맛있게 먹을 수 있습니다. 참깨와 땅콩 탕위엔 모두 겉은 하얀색이라 입안에 넣어야 참깨인지 땅콩인지 알 수 있어요. 매 순간 뽑기를 하는 기분이랍니다. 탕위엔을 다 먹어도 아래에 얼음이 남아있을 거예요. 그릇을 가지고 가게 앞쪽으로 가서 레몬즙을 뿌려주세요. 세네 방울이면 충분합니다. 계수나무꽃 시럽과 상큼한 레몬즙 그리고 살짝 녹은 얼음이 만나 새콤달콤하게 마무리할 수 있어요.

송차이 툰

라오허제 야시장 탕위엔 빙수

제일 좋아하는 야시장 디저트, 탕위엔 빙수!

라오허제 야시장의 대만식 떡 빙수는 정말 최고..

대만 친구들과 저녁을 먹고 어떤 디저트를 먹을까 고민하다가

라오허제의 필수 먹거리, 탕위엔 빙수를 소개합니다

대만 빙수를 안 먹어 봤다고 하니 추천해 준 라오허제 야시장의 탕위엔 빙수 가게!

얼음 위에 따끈한 떡을 올려 먹는 빙수예요!

이렇게 생긴 떡을 탕위엔(湯圓)이라 부른답니다

테이블 위 계수나무꽃으로 만든 달콤한 시럽을 뿌려주세요

떡은 뜨끈 말랑하고 얼음은 차가워
연기가 폴폴 나는 게 이 집만의 특징

시원한 얼음과 쫀득한 떡, 달콤한 시럽
가장 완벽한 삼박자

다 먹고 나면
남은 얼음에
레몬즙을 뿌려주세요
상큼 시원해서
색다르게 맛있답니다!

⟨주문 방법⟩

입구에 놓인 주문서와 펜으로 원하는 메뉴 표시

[1번]
冰火桂花芝麻湯圓 →
참깨 탕위엔 빙수

[2번]
冰火桂花花生湯圓 →
땅콩 탕위엔 빙수

[7번]
冰火桂花綜合湯圓 →
반반 탕위엔 빙수

레몬즙인 줄 모르고
왕창 넣어왔다가
레모네이드급으로 시어져
친구들 눈치 보기..

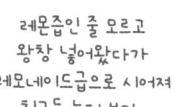

Map

라오허제 야시장

핀위엔 뼁훠 탕위엔(品元冰火湯圓)

📍 No. 178, Raohe St, Songshan District, Taipei City, 105

Memo

추천 메뉴

冰火桂花芝麻湯圓 / 참깨 탕위엔 빙수

冰火桂花花生湯圓 / 땅콩 탕위엔 빙수

冰火桂花綜合湯圓 / 반반 탕위엔 빙수

라오허제 야시장 타로 튀김

메뉴명
위토우쑤(芋頭酥)

판매처
라오위쯔 위토우쑤(老芋仔芋頭酥)

가격
20~30元, 메뉴마다 상이

한국엔 고구마, 대만엔 타로

타로는 대만에서 우리나라의 고구마만큼 흔하면서도 많은 사람에게 사랑받는 식재료입니다. 타로의 맛은 고구마의 포슬포슬함, 고소함과 비슷하고 거기에 약간의 흙냄새가 가미되어 '고소하다'보다 '구수하다'는 표현이 더 잘 어울리는 것 같아요. 그래서 타로를 먹어 보지 않은 사람이 처음부터 타로 원물을 맛보게 되면 첫인상이 좋지 않게 남을 수도 있습니다. 타로는 자연의 맛 그 자체라 대만 사람 중에서도 타로 아이스크림, 타로 과자, 타로 튀김은 좋아하지만 원물은 싫어하는 사람들이 많답니다. 하지만 타로로 만든 대만의 음식들은 달고 고소해 대만 사람뿐만 아니라 외국인도 맛있게 먹을 수 있어요.

라오허제 야시장만의 특별 메뉴

우리는 라오허제 야시장에서 타로 튀김을 맛볼 수 있어요. 라오허제 야시장의 중간 지점에 있는 타로 튀김 전문 노점 〈라오위쯔 위토우쑤〉는 타로 반죽을 끊임없이 만들고 있는 사장님과 타로 튀김을 사 먹기 위해 가게 앞을 지키고 있는 현지인들로 활기가 넘칩니다. 타로 튀김은 타로를 한입 크기로 반죽한 후 노릇하게 튀겨 먹는 길거리 음식입니다. 밀가루 없이 타로 반죽을 그대로 튀겨 고소한 맛으로 가득해요. 구수함이 입안을 맴돌며 포슬포슬 부서지는 식감이 느껴지는 순간 '대만 사람들이 타로를 좋아하는 이유를 이제 알 것 같다'는 생각이 저절로 든답니다.

타로 튀김에 치즈가 추가된 것도 아주 맛있는데 한입 베어 물면 알맞게 녹은 치즈가 주욱 늘어납니다. 대만 현지의 맛을 느끼고 싶다면 달걀 노른자와 로송(말린 고깃가루)이 들어간 타로 튀김을 먹어 보세요. 달걀 노른자가 짭조름하고 로송이 바삭바삭해 현지인에게 많은 사랑을 받는 인기 메뉴입니다. 대만의 맛을 제대로 느껴보고 싶은 사람들에게 추천합니다.

송차이 툰

라오허제 야시장의 타로 튀김
대만이 사랑하는 타로를 가장 맛있게 즐기는 방법

대만 사람들이 사랑하는 식재료 타로

바삭하게 튀긴 타로 튀김이 있는 라오허제 야시장

휘커, 음료, 과자 등 안 쓰이는 곳이 없답니다

타로를 뜨끈 바싹하게 튀겨주는데

대만 사람들의 타로 사랑이 한 번에 이해되는 맛

타로와 치즈를 함께 넣고 튀긴 고소한 버전과

타로가 가진 포슬함과 구수함을 잘 표현한 대만 길거리 간식

노른자와 고깃가루를 타로와 튀긴 짭조름한 버전까지

타로 입문자들에게 강력히 추천합니다

Map

라오허제 야시장
라오위쯔 위토우쑤(老芋仔芋頭酥)

No. 133, Raohe St, Songshan District, Taipei City, 105

Memo

추천 메뉴

原味芋頭酥 / 오리지널 타로 튀김

起司芋頭酥 / 치즈 타로 튀김

蛋黃肉鬆芋頭酥 / 달걀 노른자 로송 타로 튀김

라오허제 야시장 고구마 탕후루

✖ 메뉴명
빠쓰디과(拔絲地瓜)

📍 판매처
샤오밍 빠쓰디과(小明拔絲地瓜)

💰 가격
한 상자 50元

배고플 때 가야 하는 야시장

타이베이 시내에는 닝샤, 스린, 난지창 등 다양한 야시장이 있지만 가장 좋아하는 건 라오허제 야시장입니다. 볼거리도 많고 로컬과 관광지 느낌이 모두 섞여 있어 갈 때마다 새롭기 때문이죠. 특히 라오허제 야시장에는 맛있는 음식이 많이 모여 있기 때문에 저녁 식사를 하고 구경하는 것보다 저녁 한 끼를 먹는다고 생각하고 방문해야 해요.

설탕 공예 달인의 집

입구에서부터 정신없이 야시장 음식을 먹다 보면 배가 점점 불러오면서 달콤한 후식이 먹고 싶어지는데요. 그때를 위한 라오허제 야시장의 디저트, 고구마 탕후루를 추천해 드립니다. 라오허제 야시장 입구 반대편, 가장 끝자락에 위치한 가게지만 언제나 고구마 탕후루를 사기 위한 사람들로 붐비는 곳입니다. 우리가 알고 있는 고구마 맛탕 비주얼과 완전히 똑같지만 다른 매력을 가지고 있어요. 따뜻한 고구마를 설탕물로 얇게 코팅한 다음 차가운 바람에 빠르게 말리면 탕후루처럼 빠짝빠짝한 식감이 완성됩니다. 사장님의 설탕 코팅 솜씨가 예사롭지 않아요. 설탕 공예를 전공한 게 아닐까 하는 합리적인 의심이 들 정도랍니다.

다른 야시장에는 잘 없는 고구마 탕후루로 라오허제 야시장을 갈 때마다 꼭 들르는 필수 코스예요. 달콤 바삭함의 끝판왕으로 친구나 가족이 놀러 오면 꼭 소개하는 맛집 중 하나입니다.

송차이 툰

라오허제 야시장의 고구마 탕후루

가장 사랑하는 라오허제 야시장!

라오허제 야시장에 가게 된다면 꼭 먹어야 하는 디저트가 있어요

달콤한 후식이 먹고 싶어질 때 고구마 탕후루를 입에 넣어주기

고구마 탕후루로 고구마 맛탕 업그레이드 버전

얇고 바삭한 설탕 코팅이 포슬포슬한 고구마를 감싸고 있어요

설탕 코팅 퀄리티가 엄청나요..
사장님이 설탕 공예를 전공하신 듯..

라오허제 야시장의 특별한 음식이니 꼭 기억해 두세요!

친구들이 대만에 놀러 오면 자신 있게 소개하는 맛집 중 하나입니다

Map

라호허제 야시장

샤오밍 빠쓰띠과(小明拔絲地瓜)

📍 No. 33, Raohe St, Songshan District, Taipei City, 105

Memo

날이 선선한 가을 겨울에는 시간이 지나도 계속 바삭하지만, 여름은 조금만 지나도 설탕 코팅이 눅눅해진답니다. 구매하자마자 바로 먹는 걸 추천해 드려요.

지룽 야시장
영양 샌드위치

난이도 ★★

야시장

✖ 메뉴명
잉양 싼밍즈(營養三明治)

📍 판매처
티엔성푸찌롱 마오코우 잉양 싼밍즈(天盛鋪基隆廟口營養三明治)

💰 가격
개당 55元

로컬 느낌이 가장 강한 야시장

타이베이에서 기차를 타고 가면 도착하는 항구 마을, 지룽基隆. 관광객보다는 대만 현지인이 많이 찾는 항구 마을이에요. 지룽 야시장은 외국인이 거의 없는 곳이라 진정한 대만의 현지 모습을 구경할 수 있는 숨은 명소입니다.

지룽 야시장의 트레이드마크

지룽 야시장에서 가장 유명한 가게를 꼽으라면 모두가 영양 샌드위치 가게를 떠올릴 거예요. 야시장 초입에 위치한 샌드위치 가게로 우리가 아는 식빵 샌드위치가 아닌 고로케의 속에 오이, 햄, 대만식 마요네즈, 토마토, 피딴(삭힌 오리알)을 넣어 만듭니다. 갓 튀긴 고로케는 쫀득하면서 바삭한 식감에 고소한 향이 가득하고, 속에 든 재료의 조화는 엄청났어요. 우리나라의 샐러드빵과 비슷한 맛이에요. 다른 야시장에는 없는 지룽 야시장만의 메뉴랍니다.

영양 샌드위치 가게는 지룽 야시장에서 가장 유명한 곳으로 유일하게 대기표를 뽑을 수 있는 시스템이 갖춰져 있어요. 야시장 입구에 위치한 곳이니 대기표를 먼저 받은 다음 대기시간 동안 야시장을 한번 쭉 둘러보고, 다시 가게로 돌아와 대기표를 보여드리고 주문과 결제를 하면 됩니다.

▶ 송차이 툰

지룽 야시장의 영양 샌드위치

타이베이에서 기차로 갈 수 있는 항구 도시, 지룽(基隆)

기차역에서 나오면
풍기는 바다 냄새에
부산 느낌 풀풀

고로케 속을 갈라
오이, 햄,
마요네즈, 토마토,
피딴(삭힌 오리알)을
넣음!

지룽 야시장의
영양 샌드위치를
소개합니다

한국에선
절대 볼 수 없는
비주얼이라 궁금했어요

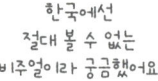

바로 튀긴 고로케는
바삭 쫀득했고
속 재료끼리의
조합이 좋아요

야시장에서는
보기 힘든
대기표 시스템으로
운영되는 곳

샌드위치 속 피딴도
누구나 먹을 수 있는
난이도 최하
피딴이었어요.

야시장 입구에 있으니
대기표를 받고
대기시간 동안
야시장 구경하기!

Map

지롱 야시장

티엔셩푸찌롱 먀오코우 잉양 싼밍즈(天盛舖基
隆廟口營養三明治)

📍 No. 30, Ai 4th Rd, Ren'ai District, Keelung
City, 200

난이도 ★

야시장

지룽 야시장 한입 소시지

✕ **메뉴명**
이코우 샹창(一口香腸)

📍 **판매처**
슬성 이코우 츠 샹창(世盛一口吃香腸)

💰 **가격**
개당 8元

지룽 야시장 = 한입 소시지

　대만 현지인에게 지룽 야시장에서 꼭 먹어야 하는 음식을 묻는다면 10명 중 9명은 '한입 소시지'를 추천할 거예요. 대만 소시지는 짭짤한 맛이 강한 한국 소시지와 달리 달짝지근하고 숯불 향이 진한데, 그중에서도 지룽 야시장의 한입 소시지는 숯불 향과 육즙이 최상이랍니다. 대만에서 맛본 소시지 중에 손꼽을 정도로 맛있었다고 울면서 소리치고 싶은 음식이죠.

　우리가 흔히 아는 대만식 소시지는 길쭉한 모양인데요. 여기는 이름에서부터 알 수 있듯이 한입에 쏙 넣을 수 있는 오동통한 비엔나 크기의 소시지입니다. 게다가 아주 오랜 시간 동안 숯불 향을 골고루 입혀 겉은 물론이고 속까지 숯불의 매캐한 향이 배어 있어요. 오래 익힐수록 고소하고 달짝지근한 맛이 살아납니다. 이렇게 정성을 들여 구운 한입 소시지는 뽀득뽀득 소리와 함께 입안에서 톡톡 터지고 그 사이로 감칠맛 나는 육즙이 줄줄 흘러요. 대만식 소시지 특유의 풍미와 향이 어우러져 입안의 여러 감각을 한 번에 깨우는 감동적인 맛이랍니다.

맥주와 마늘은 선택이 아닌 필수

　줄 서고 차례를 기다리는 중에 매장 안에서 풍겨오는 소시지 숯불 향을 맡고 있으면 맥주 생각이 저절로 나거든요. 그러니 야시장 입구에서 맥주를 먼저 구입해 줄 서길 추천합니다.

　가게 앞에 직접 가져갈 수 있는 생마늘이 있는데요. 꼭 생마늘이랑 같이 먹어야 합니다. 개인적으로 평소 생마늘이라면 냄새만 맡아도 몸서리칠 정도로 싫어하는데요. 이날 처음으로 생마늘과 소시지 조합에 눈을 떴답니다. 숯불 향 코팅, 뽀득뽀득한 식감, 가득 찬 육즙에서 느껴지는 깊은 고기 맛까지! 이건 야시장 음식이 아닙니다. 하나의 예술입니다.

송차이 툰

지룽 야시장의 한입 소시지
맛잘알 대만 현지인도 줄 서서 먹는 야시장 메뉴

타이베이 근교 지룽에 위치한 대만 분위기 가득한 로컬 야시장

한국과는 다르게 더 뽀득뽀득하고 숯불 향이 가득한 대만 소시지

지룽 야시장의 한입 소시지를 소개합니다

작은 소시지를 숯불에 구워 생마늘과 함께 담아 주심

원하는 개수에 따라 가격이 달라져요!
(가게 앞 가격표 참고)

캠핑 가면 구워 먹던 바비큐 소시지 상위 버전!

줄 서기 전 편의점에서 맥주 한 캔 사서 같이 드세요

지룽 야시장

슬성 이코우 츨 샹창(世盛一口吃香腸)

📍 200, Keelung City, Ren'ai District

난이도 ★

지룽 야시장 땅콩 컵 빙수

✕ **메뉴명**
화성 파오파오빙(花生泡泡冰)

📍 **판매처**
천찌아 파오파오빙
(沈家泡泡冰)

💰 **가격**
한 컵 50元

야시장

땅콩의 맛을 한 컵에 가득

　지룽 야시장을 돌아다니다 보면 많은 현지인 손에 파란 컵이 들려 있는 모습을 볼 수 있어요. 이는 37번 가게 〈천찌아 파오파오빙〉에서 판매하는 땅콩 컵 빙수로, 꼭 먹어야 하는 필수 간식 중 하나예요. 가장 유명한 맛은 땅콩으로 살짝 언 스무디 식감의 땅콩 빙수라고 생각하면 될 것 같아요. 얼린 땅콩버터를 부드럽게 갈아 왕창 퍼먹는 듯한 느낌입니다.

기분 좋은 부드러운 식감에다 적절하게 얼어 있어 먹을 때마다 와삭와삭거리는 재미가 있고 땅콩 특유의 고소한 향이 가득해요. 머리가 띵하고 아플 정도로 차가운 얼음 속에 진하게 녹아 있는 담백하고 풍성한 땅콩의 맛은 땅콩 아이스크림과 또 다른 차원의 매력을 보여주죠. 별다른 첨가물 없이 땅콩 본연의 맛을 한 컵에 가득 담은 땅콩 컵 빙수는 지룽 야시장만의 숨겨진 메뉴로, 현지인이 마무리 입가심할 때 찾는 디저트랍니다.

고소하게 마무리!
짭짤하고 자극적인 야시장 음식을 양껏 먹은 후, 땅콩 컵 빙수를 손에 들고 북적북적한 야시장을 빠져나오며 지룽 야시장 투어를 가장 완벽하게 마무리 해 보아요. 양은 생각보다 많으니 두 명이서 한 개를 나누어 먹는 것을 추천드립니다.

송차이 툰

지룽 야시장의 땅콩 컵 빙수

대만 야시장의 끝판왕은 지룽 야시장이라고 생각합니다!

지룽 야시장은 가게에 번호가 붙어 있어요!

땅콩버터를 얼려 곱게 간 듯한 깊은 땅콩 향이 마음에 들었어요

그중에서도 37번 가게의 땅콩 컵 빙수를 소개합니다!

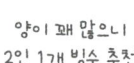

양이 꽤 많으니 2인 1개 빙수 추천

Map

천찌아 파오파오삥(沈家泡泡冰)

📍 200, Keelung City, Ren'ai District, Ren 3rd Rd, 第37號號攤

Tip 야시장 꿀팁

대만 여행의 하이라이트인 야시장! 야시장을 밥 먹듯 들락날락한 제가 몇 가지 꿀팁 알려드립니다.

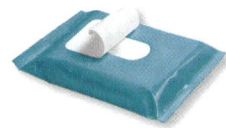

물티슈나 여행용 티슈

야시장에서 음식을 손에 들고 돌아다니며 먹다 보면 음식이 손에 묻는 경우가 정말 많아요. 하지만 대부분의 야시장 가게들은 휴지가 구비되어 있지 않으니 물티슈나 여행용 티슈를 미리 챙겨가는 걸 추천해요.

현금 필수

대만은 현금을 주로 사용하는 나라입니다. 특히 야시장은 현금으로만 결제가 가능해요. 야시장 음식은 대부분 30~100元 정도이니 작은 단위의 현금을 챙겨가면 좋아요.

맥주는 미리 구입하기

한번 야시장 안으로 들어가면 중간에 나오기 애매한 구조예요. 야시장 입구 혹은 가는 길에 있는 편의점이나 마트에서 맥주를 구입하고 야시장에 들어가는 걸 추천해요.

방문 전 화장실은 필수

야시장에는 화장실을 찾기 힘들 뿐만 아니라, 중간에 야시장 바깥으로 빠져나오려면 아주 오랜 시간이 걸려요. 근처 지하철역이나 호텔, 식당 화장실을 미리 다녀와야 좀 더 쾌적하게 야시장 투어를 즐길 수 있어요.

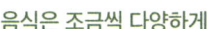

음식은 조금씩 다양하게

야시장에서는 1인 1메뉴보다는 조금씩 다양한 음식을 나눠 먹는 것이 가장 좋아요. 야시장은 넓고 맛있는 음식은 넘쳐나니까요! 특히 배부른 상태에서 가는 것보다 저녁 한 끼를 야시장에서 해결하겠다는 생각으로 가는 게 포인트예요.

2
편의점·마트

편의점과 마트보다 현지인의 삶과 가까이 있는 곳은 없을 거예요. 대만 사람들에게 너무나도 평범한 장소일지 모르지만 우리와 같은 외국인의 눈에 대만의 편의점과 마트는 현지인의 생활 속 비밀스러운 이야기들이 가득한 신비로운 세계랍니다. 가장 사소하고 평범한 장소에서 특별함을 발견하는 곳, 편의점과 마트로 떠나 보아요.

차예단

✕ **메뉴명**
챠예딴(茶葉蛋)

📍 **판매처**
패밀리마트, 세븐일레븐

💰 **가격**
개당 10元

대만 편의점만의 향기

대만 여행 경험이 있는 사람은 알고 있을 대만 편의점만의 향기. 대만을 처음 방문하는 사람들은 편의점에 들어가면 코를 타고 들어오는 낯선 향기에 깜짝 놀라기도 하는데요. 이는 차예단 냄새랍니다. 한자 그대로 '찻잎을 우린 물에 삶은 달걀'이란 뜻을 가지고 있어요. 편의점 필수 간식 중 하나로 대만 사람들이 끼니를 때우기 위해 자주 먹는 음식이기도 해요. 요상한 냄새가 나는 새카만 물에 껍질이 갈라진 달걀이 가득 담겨 있어 다가가기 쉬운 비주얼은 아니지만, 한번 먹고 나면 계속 생각나는 차예단. 찻잎을 우린 물에 오랜 시간 동안 천천히 삶은 것이기 때문에 달걀 노른자까지 차가 배어 있어 촉촉하고 향긋하다는 것이 특징입니다.

맛있는 차예단 고르는 방법

촉촉하고 향긋한 차예단을 고르는 방법은 간단해요. 금이 적당히 갈라진 친구를 찾으면 됩니다. 처음에는 금이 갈라진 차예단이 오래된 달걀인 줄 알고 깨지지 않은 매끈한 친구만 골라 먹었어요. 하지만 깨지지 않은 달걀은 찻물이 스며들지 않아 촉촉함과 향긋함이 덜하답니다. 반대로 금이 너무 많이 갈라져서 너덜너덜한 차예단을 고르면 짤 수도 있어요. 금이 적당히 갈라진 친구로 골라 먹어 보세요. 잘 고른 차예단의 껍질을 까면 흰자에 갈라진 껍질 모양을 따라 찻물이 스며든 흔적을 볼 수 있답니다.

차예단을 구매하기

집게로 원하는 만큼 차예단을 집어 일회용 봉투에 넣어주세요. 차예단을 넣는 봉투는 보통 차예단을 끓이는 냄비 근처나 아래 서랍에 구비되어 있어요. 봉투에 모두 잘 담았다면 계산대로 가져가서 몇 개 담았는지 보이고 개수에 맞게 계산하면 됩니다. 가격은 편의점 브랜드나 할인 여부에 따라 다르지만 보통 개당 10元, 한화 약 400원 정도로 저렴하답니다.

▌송차이 툰

편의점 달걀, 차예단

비주얼과 다른 반전을 가진 편의점 대표 간식

편의점에 들어서면 이국적인 향기에 놀라게 될 거예요

찻잎을 우린 물에 달걀을 삶는 대만식 감동란

이 향기의 주인공은
차예단

차　예　단
茶　葉　蛋
찻잎　　달걀

냄새와 비주얼은 익숙하지 않을 수 있으나, 찻잎을 우린 물이 스며들어 촉촉하고 향긋해요

〈맛있는 차예단 고르는 팁〉

포인트는 금이 살짝 갈라진 달걀을 찾는 것!

너무 퍽퍽해요!　촉촉&향긋　너무 짜요!

〈차예단 구매하는 방법〉

집게로 차예단을 봉투에 넣고

잘 고른 차예단의 껍질을 까면 찻잎을 우린 물이 스며든 흔적이 보여요

계산대에서 계산하기!

개당 10元
(한화 400원) 정도!

▰ **Map**

구글맵에 패밀리마트(全家 혹은 Family Mart), 세븐일레븐(711)을 검색해 주세요.

세븐일레븐 파니니

✗ **메뉴명**
러야투쓰(熱壓吐司)

📍 **판매처**
세븐일레븐

💰 **가격**
65~70元, 메뉴마다 상이

바쁘다 바빠, 대만 편의점 알바

대만의 편의점은 우리나라와 다르게 아르바이트생이 해야 하는 일이 참 많은데요. 그래서인지 우리나라의 편의점 아르바이트생은 보통 1명이지만, 대만 편의점 아르바이트생은 2~3명이 기본이랍니다. 기차표 구매, 콘서트표 구매, 택배 수령, 음료 제조, 고지서 납부, 복권 당첨금 수령, 음식 조리 등 정말 많은 일을 담당하고 있어요. 아르바이트생에겐 미안한 일이지만 다양한 역할을 하는 편의점 덕분에 우리나라에는 없는 신기한 편의점 음식을 맛볼 수 있답니다.

편의점에서 갓 구운 파니니

그중 꼭 소개하고 싶었던 건 '뜨겁게 누른 토스트'란 의미를 가진 열압 토스트, 파니니입니다. 모든 곳에서 구매할 수 있는 건 아니고 파니니 기계가 있는 곳에서만 구매할 수 있어요. 파니니 기계는 찾기가 아주 쉬워요. 직원이 있는 카운터 뒤쪽을 살펴보면 민트색 기계가 보이는데, 이 기계가 있다면 갓 구운 파니니를 맛볼 수 있습니다. 파니니 기계를 찾았다면 샌드위치 코너로 가서 파니니를 찾아주세요. 포장이 되어 있는 여러 파니니 중 끌리는 맛을 고른 다음 카운터로 가서 계산하면 됩니다. 직원이 "야오 찌아러 마?要加熱嗎?, 데워드릴까요?"라고 물어보면 "칭 빵워 찌아러請幫我加熱, 데워주세요."라고 답하면 됩니다. 직원이 파니니를 기계에 넣고 따끈따끈 바삭바삭하게 구워 준답니다. 말이 통하지 않아도 기계를 가리키면 데워달라는 신호로 이해할 거예요.

개인적으로 가장 좋아하는 건 로제 치즈 치킨 파니니예요. 바삭한 빵을 한입 크게 베어 물면 매콤한 로제 소스를 촉촉하게 머금은 닭고기와 부드럽게 늘어나는 치즈 맛이 느껴집니다. 대만 여행 중 세븐일레븐이 보인다면 지나치지 말고 꼭 들러 맛보세요.

송차이 툰

세븐일레븐의 걸작, 파니니

대만 편의점은 빵도 구워준다는 사실 알고 있었나요?

세븐일레븐에서 민트색 기계를 찾아보세요! (계산대 쪽에 있음)

그다음 샌드위치 코너를 찾아주세요

이렇게 포장된 파니니를 찾으셨나요?

요 친구가 바로 파니니를 구워주는 기계랍니다

종류도 다양하니 취향에 맞게 골라 계산하기!

직원이 이렇게 물어보면

야오 찌아러 마?
(要加熱嗎?)
: 데워드릴까요?

귀엽기까지 한 파니니 좀 봐주시겠어요?

이렇게 답하면 끝!

칭 빵워 찌아러
(請幫我加熱)
: 데워주세요

제가 가장 좋아하는 건 로제 치즈 치킨!

말이 안 통한다면 기계를 가리키면서 데워 달라 손짓하기

이걸 왜 이제야 알았지.. 후회되는 맛

Map

구글맵에 세븐일레븐(711)을 검색해 주세요.

Memo

받자마자 바로 먹어주세요. 규모가 작은 매장보다는 규모가 좀 큰 매장에서 구매할 수 있습니다.

추천 메뉴

白醬海鮮饗宴熱壓吐司 / 크림 해물 파니니

紐奧良風味烤雞熱壓吐司 / 로제 치즈 치킨 파니니

공작권심병

✕ **메뉴명**
콩츄에젠씬삥(孔雀捲心餅)

📍 **판매처**
패밀리마트, 세븐일레븐, PX마트, 까르푸

💰 **가격**
32元, 점포마다 상이

공작권심병과의 첫 만남

부모님이 대만에 놀러 오셨을 때 호텔 직원이 먹어 보라고 준 공작권심병. 호텔 직원이 아니었다면 먹어 볼 생각도 하지 않았을 다소 올드한 디자인의 외관을 가지고 있는데요. 한번 먹어 본 뒤로 푹 빠져서 몇 달 동안은 이 과자만 줄곧 사 먹었던 기억이 있습니다. 지금도 생각날 때마다 한 번씩 사 먹고는 해요.

냉동실에 꼭 얼려 먹기!

공작권심병은 커피와 커스터드 이렇게 두 가지 맛이 있어요. 에그롤 모양으로 한국의 롤리폴리 과자 같지만, 좀 더 짧고 뚱뚱하며 속에는 크림으로 가득 차 있어요. 커피는 달지 않고 고소하면서 끝맛이 쌉싸름한 어른의 맛, 커스터드는 누구나 호불호 없이 좋아할 만한 달콤한 슈크림 맛이에요. 속에 꽉 들어찬 크림은 부드럽기보단 거친 질감이에요. 바삭한 과자와 크림이 찰떡궁합입니다. 특히나 커피 음료와 함께 먹으면 너무나 잘 어울리는 과자예요.

처음에는 몰랐는데 지인이 얼려 먹으면 더 맛있는 과자라고 알려주었어요. 알고 보니 포장지에도 '얼려 먹으면 더 맛있어요越冰越好吃'라고 적혀 있더라고요. 알려준 방법대로 얼려 먹으니 과자는 더욱 바삭하고, 크림은 아이스크림콘의 밑부분을 먹는 느낌이었어요. 많이 달지 않은 부드럽고 순한 맛이라 질리지 않고 계속 먹을 수 있답니다.

▌송차이 툰

얼려 먹자! 공작권심병

얼려 먹으면 더 맛있는 클래식한 과자

대만 여행 중
호텔 직원의 추천으로
맛본 과자,
공작권심병

짤뚱한 모양에
속은 크림으로
가득 차 있어요

커피 맛과 커스터드 맛
두 가지 버전이 있어요

커피 맛은
쌉쌀 고소함이,
커스터드 맛은
달달 고소함이 매력!

포장지에
'越冰越好吃'라는 문구는

'얼려 먹으면
더 맛있어요'라는
뜻이랍니다

아이스크림콘 밑부분만
모아뒀다 먹는 느낌이에요

냉동실에 넣고
얼렸다가 먹으면
정말.. 또 다른 맛!
(꼭 얼려 드세요)

Map

구글맵에 패밀리마트(全家 혹은 Family Mart), 세븐 일레븐(711), PX마트(全聯 혹은 PX Mart), 까르푸(家樂福 혹은 Carrefour)를 검색해 주세요.

버터 소금 맛 고구마칩

✕ **메뉴명**
옌나이요 코우웨이 띠꽈피엔
(鹽奶油口味地瓜片)

📍 **판매처**
패밀리마트, 세븐일레븐, PX 마트, 까르푸

💰 **가격**
35元, 점포마다 상이

외워 두세요! 꼭 사가야 하는 과자

이번에 소개하는 과자, 버터 소금 맛 고구마칩은 한국으로 꼭 사 가야 하는 과자라고 강조하고 싶은데요. 그만큼 정말 사랑하고 아끼는 과자예요. 고구마로 유명한 대만에서 고구마를 말려 만든 고구마칩은 흔히 볼 수 있습니다. 그런데 이 과자는 평범한 고구마칩이 아닙니다. 고구마의 달콤함은 물론, 짭짤한 소금 간과 진한 버터 맛이 더해져 단짠단짠의 맛을 가지고 있어요. 세상의 모든 맛있는 맛을 모아 이 과자로 만들었다고 해도 과언이 아닐 정도예요.

고구마로 만들었지만, 다이어트 식품은 아니죠

대만에 와서 맛있는 음식에 정신을 차리지 못하고 하루 종일 먹다 보니 본의 아니게 몸이 너무 건장해져 버렸어요. 살을 조금이라도 빼고자 죄책감 없이 먹을 수 있는 건강한 과자를 찾아 나섰지요. 고구마로 만든 과자는 살이 찌지 않을 것만 같아서 사 먹었다가 얼떨결에 이렇게 맛있는 과자를 찾았답니다. 실제로는 다이어트에 전혀 도움이 되지 않는 정말 맛있는 친구예요. 다들 방심하면 안 됩니다. 원래 아무도 모르는, 정말 인터넷 후기 하나 없던 과자였지만 이제 조금씩 입소문을 타고 유명해지고 있어 덩달아 뿌듯합니다.

그냥 먹어도, 맥주와 먹어도 너무 맛있는 고구마칩이니 편의점에서 구매해 저녁에 호텔에서 맥주와 함께 먹거나 한국으로 가져가 대만이 생각 날 때마다 즐겨보세요.

▌송차이 툰

버터 소금 맛 고구마칩

이건 정말 제가 사랑하고 아끼는 애정템..

고구마로 유명한
대만에서만
맛볼 수 있는 고구마칩

옌 나이요　코우웨이 띠꽈 피엔
鹽奶油 口味 地瓜
소금　　버터　　맛　　고구마칩

3~4봉지씩은
사서 쟁여놔야
마음이 편해요

맥주와 먹어도
너무 맛있는 고구마칩

빠짝빠짝
고구마칩 식감에
달달 꼬수운
버터 향 가득..

게다가
살짝 짭짤해
단짠 조합 완성

한국에서 출시되었다면
품절 대란일 확률 100프로

Map

구글맵에 패밀리마트(全家 혹은 Family Mart), 세븐일레븐(711), PX마트(全聯 혹은 PX Mart), 까르푸(家樂福 혹은 Carrefour)를 검색해 주세요.

마트보다는 편의점에서 자주 발견되는 과자입니다. 하지만 흔하지 않아 구하기 쉽지 않은데요. SNS 친구들이 제보해준 '버터 소금 맛 고구마칩을 판매하는 편의점' 주소를 공유해 드리겠습니다. 현지 상황에 따라 재고가 없을 수도 있으니 이 점 참고해 주세요.

패밀리마트

한쭝점(全家便利商店 漢中店)
📍 No. 139, Hanzhong St, Wanhua District, Taipei City, 108

찐칭점(全家便利商店 金慶店)
📍 No. 308, Nanjing W Rd, Datong District, Taipei City, 103

충칭점(全家便利商店 重慶店)
📍 No. 58, Section 1, Chongqing S Rd, Zhongzheng District, Taipei City, 100

씬또우점(全家便利商店 鑫都店)
📍 No. 73, Chengdu Rd, Wanhua District, Taipei City, 108

쿤밍점(全家便利商店 昆明店)
📍 No. 186, Kunming St, Wanhua District, Taipei City, 108

공작향소취

메뉴명
콩추에쌍쑤추이(孔雀香酥脆)

판매처
패밀리마트, 세븐일레븐, PX마트, 까르푸

가격
20~35元, 점포마다 상이

대만에서의 첫 과자

저에게 정말 많은 의미가 있는 과자를 소개합니다. 대만에 막 도착해 당장 지낼 집도 구하지 못하고 기숙사형 호스텔에서 지내던 때, 같은 방을 썼던 대만 친구가 선물해 준 과자예요. 자신이 제일 좋아하는 과자이니 꼭 한번 먹어 봤으면 좋겠다며, 대만에 적응하는 데 조금이나마 도움이 되고 싶다는 말과 함께 선물해 주었답니다. 대만에서 맛보게 된 첫 과자라 먹을 때마다, 대만에 적응하기 바빴던 당시의 기억이 새록새록 나는 그런 과자랍니다.

비주얼에 가려진 최상급 맥주 안주

공작향소취는 대만 사람들 사이에서 맥주 안주로 통하는데요. 해물 향이 나는 짭조름한 물고기 모양 과자를 달콤한 시럽으로 한번 코팅해 정말 극강의 단짠 맛을 자랑합니다. 검은깨가 붙어 있어 고소한 맛까지 잡은 완벽한 과자죠. 먹다 보면 저절로 맥주가 생각나는 과자예요. 그래서인지 포장지 겉면에 맥주 그림이 떡하니 그려져 있어요. 하지만 포장지의 디자인이 식욕을 자극하는 편은 아니라 많은 사람이 구매를 꺼리곤 해 아쉽답니다. 겉으로 보이는 비주얼과는 다르게 정말 맛있어요. 맥주가 생각나는 날에는 무조건 사 먹는 과자이니 한 번만 믿고 도전해 보세요. 양도 많아서 공작향소취 한 봉지면 맥주 한 병은 일도 아닙니다. 숙소로 들어가기 전에 편의점이나 마트에 들러 잊지 말고 꼭 구매해 보세요. 한번 맛보면 자꾸 생각나기 때문에 한국으로 떠나기 전에 이 과자를 가득 쓸어 담게 될지도 몰라요.

▌송차이 툰

국민 과자 공작향소취
맥주 마실 때 빼놓을 수 없는 대만 과자

대만에 막 도착했을 때,
집을 구하는 동안
호스텔에서 지냈어요

옆 침대 대만 친구와 친해졌고

대만 국민 과자로 알려진 공작향소취는

오징어 맛 과자를
시럽으로 코팅해
윤기가 좔좔

대만에 온 걸
환영한다며
공작향소취를
선물해 줬어요

먹다 보면
맥주가 생각나는
마성의 과자..

달짝지근하고 고소하고
짭짤한 최고의 맥주 안주

Map

구글맵에 패밀리마트(全家 혹은 Family Mart), 세븐일레븐(711), PX마트(全聯 혹은 PX Mart), 까르푸(家樂福 혹은 Carrefour)를 검색해 주세요.

꽈이꽈이

메뉴명
꽈이꽈이(乖乖)

판매처
패밀리마트, 세븐일레븐, PX마트, 까르푸

가격
20~25元, 점포마다 상이

세상에서 가장 맛있는 부적

대만 식당 계산대나 편의점 커피 머신 위, 음료 가게 기계에서 공통으로 발견되는 초록색 봉지의 과자, 꽈이꽈이. 대만 여행 중 이 과자를 발견했다면 여러분은 대만 사람들이 가장 사랑하는 부적을 찾은 것입니다. 세상에서 가장 맛있고 귀여운 부적인 꽈이꽈이에 담긴 이야기를 들려 드릴게요. 원래 꽈이꽈이는 '순둥순둥한'이란 뜻으로, 이 과자를 먹고 순둥순둥하게 자라라는 의미를 담아 출시된 과자였습니다. 그러다 한 공대생으로 인해 과자의 의미가 완전히 뒤바뀌게 되었죠.

밤샘 작업을 하던 공대생의 컴퓨터가 그날따라 계속해서 오류가 났다

고 해요. 화가 잔뜩 난 그는 주위를 둘러보다 꽈이꽈이 과자를 발견했고, 순둥순둥하다는 뜻과 정상 작동을 의미하는 초록색 봉지가 마음에 들어 자신의 부적으로 삼게 됩니다. 그가 꽈이꽈이를 곁에 두자 거짓말처럼 노트북은 잘 작동되었고 작업을 무사히 마무리할 수 있었다고 해요. 그의 일화가 알려지며 대만 사람들은 하나둘 기계 위에 꽈이꽈이를 올려 두기 시작했어요.

부적으로 쓰려면 초록색 봉지의 꽈이꽈이를

부적 역할을 하려면 유통기한이 지나지 않은, 개봉 전 초록색 봉지여야 해요. 또 중간에 과자를 먹게 되면 기계를 보호하는 마법은 사라진다고 합니다. 노란색과 빨간색 봉지의 꽈이꽈이도 있는데, 이는 시스템 오류 알림 색과 비슷해 부적으로 쓰이지 않는다고 해요. 맛은 자극적이지 않고 은은한 코코넛 맛이 느껴져요. 순한 맛이지만 중독성이 엄청나 하나씩 집어먹다 보면 어느새 바닥이 보인답니다. 기계가 있는 곳이라면 어디서든 쉽게 만날 수 있는, 심지어 국가 연구기관인 중앙연구원에도 자리 잡고 있는 꽈이꽈이. 과학적 근거와는 거리가 멀지만 대만 사람들의 귀여운 면모를 엿볼 수 있는 과자입니다.

송차이 툰

맛있는 부적, 꽈이꽈이

대만에서 이 초록 봉지 과자가 가진 의미를 아시나요?

식당 기계 위에 올려져 있던 과자, 꽈이꽈이

원래는 아기들을 대상으로 출시된 과자였어요

꽈이(乖)는 '순둥순둥한'이라는 뜻

사실 이 과자엔 특별한 의미가 담겨 있어요

부적이 필요해..

그러던 어느 날 바뀌어 버린 이 과자의 의미

노트북의 계속된 오류로 화가 잔뜩 난 공대생

그러던 중 그의 눈에 들어온 이 과자!
그는 이 과자를 자신의 부적으로 삼았어요.

그렇게 과자를 노트북 옆에 두고 무사히 작업을 마칠 수 있었다고 해요

순둥하다니 뜻도 좋고 초록색도 뭔가 느낌이 좋아

이 이야기가 유명해지자 사람들은 꽈이꽈이를 부적으로 쓰기 시작했어요

부적으로 쓰려면 봉지를 뜯지 않고 유통기한이 지나지 않은 초록색 봉지여야 해요

(노란색, 빨간색 봉지는 시스템 오류창을 의미)

중요한 의미를 가진 과자라

식당 계산대나 편의점, 공항에서 쉽게 발견 가능

포장지 빈칸에 잘 작동되길 바라는 물건을 적으면 됩니다

아기들 과자라 자극적이지 않고 은은한 코코넛 향만 살짝 나는 정도랍니다

■ Map

구글맵에 패밀리마트(全家 혹은 Family Mart), 세븐일레븐(711), PX마트(全聯 혹은 PX Mart), 까르푸(家樂福 혹은 Carrefour)를 검색해 주세요

■ Memo

주변에 공대생 친구나 기계를 다루는 직업의 가족 혹은 친구가 있다면 선물로 추천해요. 꽈이꽈이에 관한 귀여운 이야기를 설명하며 과자를 선물해 주면 완벽하겠죠?

카디나 김 맛 과자

✕ **메뉴명**
슈티아오 하이타이웨이따오
(薯條海苔味道)

📍 **판매처**
까르푸, PX마트

💰 **가격**
한 상자 79~99元

위험한 과자니까 얼른 먹어 버려야지

우리나라의 오리온 같은 대만의 감자칩 회사로, '카디나卡迪那' 혹은 'Cadina'라고 적힌 과자를 발견한다면 한번 사서 맛보세요. 다양한 맛의 감자칩을 여러 사람 입맛에 맞게 잘 만드는 회사이니, 감자칩을 좋아하는 사람은 만족할 겁니다. 그중 가장 좋아하는 건 정사각형 상자에 포장된 스틱형 감자칩 시리즈예요. 다양한 맛이 있지만 소개하고 싶은 맛은 김 맛입니다. 우리가 흔히 아는 짭짤한 조미김이 아닌 향긋한 파래김 맛이

나는 아주 매력적인 과자랍니다. 향긋하고 고소한 파래김의 풍미와 짭짤하고 오독오독 씹히는 감자튀김 과자가 만나 엄청난 중독성을 자랑합니다. 한입 먹고 바로 느꼈어요. 이건 확신의 맥주 안주다. 맥주가 술술 들어가게 하는 위험한 친구다.

앉은 자리에서 순삭! 감질나는 양
　정사각형 상자 안에 다섯 개의 작은 봉지로 소포장 되어 있어 주변 사람에게 나눠 주기 좋아요. 한 가지 아쉬운 점은 양이 살짝 적어 정신을 차려보면 이미 다 먹어버린다는 사실. 과자를 좋아하는 사람들은 이 점 유의해 많이 구매하길 바랍니다.

송차이 툰

카디나 김 맛 감자 과자

한동안 빠져서 주구장창 먹었던 과자를 공유합니다

카디나(Cadina)라는
대만 과자 회사의
스틱형 감자칩이에요!

짭쪼름한
조미김이 아닌
파래김 맛에
가까워요!

여러 가지 맛 중
최애는 바로

김 맛(海苔口味)

감자튀김 모양
오독 바삭한 과자 위
솔솔 뿌려져 있는
파래김 가루

짭쪼름한 감자의 맛에
향긋 고소한 파래김 맛이
너무나도 찰떡이라
자꾸 집어먹게 됨

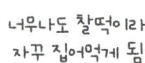

근데 이거 사실 마음만 먹으면
혼자 한 상자 먹기 가능

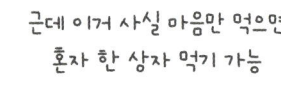

이렇게 상자 속에
소포장까지 되어 있어
선물용으로도 최고

Map

구글맵에 까르푸(家樂福 혹은 Carrefour), PX 마트(全聯 혹은 PX Mart)를 검색해 주세요. 간혹 편의점에도 판매하는 경우가 있으니 참고바랍니다.

구미

✕ 메뉴명
구미(Gummy)

📍 판매처
패밀리마트, 세븐일레븐, PX 마트, 까르푸

💰 가격
35元, 점포마다 상이

젤리와 초콜릿? 너무나도 낯선 조합

한국으로 돌아갈 때 왕창 사서 캐리어에 가득 담아갈 필수 간식, 구미. 예전부터 대만 친구가 먹어 보라고 얘기했던 간식이에요. 딱히 끌리지 않아 미루고 미루다 뒤늦게 사 먹어 보았는데 그대로 푹 빠져들어 버렸습니다. 과일 맛 젤리가 속에 들어있고 두툼한 초콜릿이 겉을 감싼 형태예요. 처음에는 '젤리와 초콜릿을 도대체 왜 같이 먹는 걸까?' 하며 그 조합을 이해할 수 없었는데요. 지금은 누구보다도 이 조합을 사랑하게 되었답니다.

캐리어에 가득 챙여와야 할 젤리

구미는 대만 과자 회사 이메이義美에서 만든 젤리입니다. 초콜릿 속에 상큼한 과일 맛 젤리가 옹골차게 들어있어요. 속에 들어간 과일 맛 젤리는 쫄깃하고, 초콜릿 코팅은 달콤한 건 물론 두툼하기까지 해서 완벽한 조합을 이룬답니다. 처음 먹을 땐 '오, 좀 맛있네?' 싶다가 며칠이 지나도 계속 생각나는, 중독성이 엄청 강한 친구예요. 대만 여행 중 구미를 보게 된다면 고민하지 말고 보이는 대로 집어 오세요. 먹다 보면 순식간에 없어지니까요.

포도 초콜릿, 딸기 초콜릿, 딸기 연유 초콜릿 이렇게 세 가지 맛이 있는데요. 앞에 두 가지 맛은 어디서나 쉽게 발견할 수 있는 흔한 종류라 딸기 연유 초콜릿을 추천하고 싶어요. 딸기 연유 초콜릿은 편의점에서, 특히 패밀리마트에서 종종 발견되니 패밀리마트에 가게 된다면 두 눈을 크게 뜨고 찾아보세요. 크기도 딱 적당하고 무겁지 않아 주변 사람들에게 나눠주기 좋습니다.

송차이 툰

젤리를 감싼 초콜릿, 구미(Gummy)
두툼한 초콜릿 속 상큼한 과일 맛 젤리가!

대만 친구가
제발 먹어 보라며
강력히 추천했던
대만의 젤리!

속는 셈 치고 한번 먹어 봤는데

한 통을 10분 만에
다 비워 버렸어요
진짜 어이없어

쫀득한 젤리가
두꺼운 초코 옷을
입고 있어요

과일 젤리는
상큼 쫄깃하고
초코 코팅은
달콤 두툼해요

하지만 진짜 숨은 강자는 이 친구랍니다..

패밀리마트에서
종종 발견되는
희귀종이죠..
딸기 연유 맛!

부피도 작고 가벼워서
쟁여 갈 수밖에 없는 아이템..

이건 비밀인디
하루에 세 통까지
먹어 본 적 있어요..

Map

구글맵에 패밀리마트(全家 혹은 Family Mart), 세븐 일레븐(711), PX마트(全聯 혹은 PX Mart), 까르푸(家樂福 혹은 Carrefour)를 검색해 주세요.

만한대찬 마라우육면

✕ 메뉴명
만한따찬 마라궈뇨로우미엔
(滿漢大饗麻辣鍋牛肉麵)

📍 판매처
패밀리마트, 세븐일레븐, PX마트, 까르푸

💰 가격
50~59元, 점포마다 상이

개운한 대만 컵라면을 찾는다면

우육면 하면 대만, 대만 하면 우육면이죠. 다들 대만 여행에서 우육면은 꼭 먹잖아요? 전문점에서 먹는 우육면도 정말 맛있지만, 우육면의 나라답게 우육면 컵라면도 아주 높은 퀄리티를 자랑한답니다. 편의점이나 마트에서 쉽게 구매할 수 있는 대만의 대표적 컵라면 만한대찬, 그중에서도 마라우육면을 추천해 드리고 싶어요.

여러 맛이 있지만 마라우육면이 한국인이 좋아하는 매콤한 국물이라 대만 여행 중 슬슬 한식이나 매콤함이 그리워질 때 한 그릇 먹어주면 딱 좋아요. 대만 음식은 대부분 간장 베이스라 여행하다 보면 매콤한 음식이 확 당기거든요. 그럴 때 먹으면 속이 풀리는 한 줄기 빛 같은 존재랍니다. 숙소로 들어가기 전, 편의점에 들러 만한대찬 마라우육면과 편의점 판투안(대만식 주먹밥)을 사서 같이 먹어주면 대만 여행을 끝내주게 마무리할 수 있을 거예요.

대만은 먹는 것으로 장난치지 않는다

만한대찬 마라우육면이 유명한 이유는 뭐니 뭐니 해도 컵라면 속에 든 커다란 소고기 때문이죠. 흔히 컵라면 속 고기는 가짜 콩고기나 아주 작은 크기의 고기를 떠올릴 텐데요. 만한대찬은 우육면 전문점에서나 볼 법한 큰 덩어리의 아롱사태와 힘줄이 들어가 있답니다. 컵라면 중에서도 비싼 편에 속하지만, 내용물을 확인하면 바로 납득할 수 있어요. 국물은 마라 향이 살짝 나면서 칼칼하고, 면발은 납작하고 부들부들해 한국인 취향을 저격한 맛이에요.

일반 라면과 조금 다른 조리법

조리법은 일반 컵라면과 동일합니다. 딱 하나, 고기가 들어있는 가장 큰 봉지는 뜨거운 물을 부은 후 면을 익히는 동안 뚜껑 위에 올려 그 온기로 데워 먹는 게 올바른 방법입니다. 만한대찬은 한국에서도 이미 유명해져 국내 편의점에서도 구매할 수 있지만, 대만보다 두세 배는 비싼 가격 때문에 안 사게 되더라고요. 대만에서 많이 먹어 두는 걸 추천합니다. 소고기가 들어간 라면이라 대만에서 한국으로 가져가는 것은 금지이니 주의해 주세요.

▍송차이 툰

만한대찬 마라우육면
'대만 = 우육면' 공식 모르는 분 없죠?

대만 편의점
부동의 인기 상품
만한대찬!

여러 종류가 있지만
마라우육면 맛 추천!

만한대찬 속 고기 퀄리티 좀 보세요..!

흔히 아는 라면 속
가짜 고기가 아닌

전문점 수준의
아롱사태와 힘줄

숙소에서 야식으로
꼭 먹어줘야 하는

마라향 가득
매콤 우육면 st 컵라면!

마지막 날 즈음
매콤함이 그리워질 때
느끼함을 싹 내려줄

마라 맛 국물!

조리법은 일반 컵라면과 동일하지만
한 가지만 주의해 주세요

고기가 든
가장 큰 봉지는
뚜껑 위에 올려

따뜻하게 데우고
면이 익으면 넣기

편의점에서 파는
대만식 주먹밥

판투안과 함께하면
더욱 맛있어요

Map

구글맵에 패밀리마트(全家 혹은 Family Mart), 세븐일레븐(711), PX마트(全聯 혹은 PX Mart), 까르푸(家樂福 혹은 Carrefour)를 검색해 주세요.

라이커 해물 맛 컵라면

✗ **메뉴명**
라이커 시엔쌰 위반 펑웨이
(來一客鮮蝦魚板風味)

📍 **판매처**
패밀리마트, 세븐일레븐, PX마트, 까르푸

💰 **가격**
25元, 점포마다 상이

언제나 믿고 먹는 현지인 추천 간식

타이중의 한 호스텔에서 머물 때 우연한 기회로 현지 직원과 이야기를 나눌 수 있었어요. 그때 추천 받은 대만 컵라면이 바로, 라이커 컵라면입니다. 소고기, 돼지고기, 김치 등 다양한 맛이 있지만 그중에서도 특히 해물 맛이 자극적이지 않고 속을 달래 주는 매력적인 국물이라고 했어요. 직원의 추천에 홀랑 넘어가서 바로 사 먹어 봤답니다. 포장을 뜯으면 두 개의 라면 수프가 나오는데요. 하나는 참기름처럼 고소한 향이 나

는 액상 수프, 다른 하나는 해물 건더기가 섞인 하얀 분말 수프입니다. 면에도 간이 되어 있는지 짭조름하면서도 고소한 냄새가 풍겨오더라고요.

부담 없는 순한 매력

수프를 모두 뜯어 넣은 후 물을 붓고 기다리는데 어디선가 익숙한 냄새가 나는 게 아니겠어요? 아무리 생각해 봐도 익숙한 냄새인데 무슨 냄새인지 알 수가 없어 머리를 엄청나게 굴렸답니다. 면이 익는 동안 두뇌를 풀 가동하느라 3분이 3초처럼 지나갔어요. 결국 알아냈죠. 미역국 냄새가 납니다. 향수를 불러일으키는 추억의 냄새였답니다.

해물 건더기와 국물의 깔끔한 맛이 너무 좋았어요. 하얀 국물이라 야식으로 먹어도 죄책감이 덜한 그런 순한 맛입니다. 어린아이도 먹을 수 있을 정도로 순한 해물 맛 국물이라 자꾸 홀짝홀짝하면서 마시게 되더라고요. 속이 뜨끈하면서도 부담 없이 먹기 좋은 대만 컵라면을 찾는다면 라이커 해물 맛 컵라면을 추천합니다.

송차이 툰

라이커 해물 맛 컵라면
대만 사람은 어떤 컵라면을 좋아하는지 궁금했단 말이죠?

타이중에서 묵었던
호스텔 직원에게
추천받은 컵라면,
라이커(來一客)

뚜껑을 열면 두 개의 수프가 나오는데요

참기름 같은
고소한 액상 수프와

해물 건더기가 섞인
하얀 분말 수프 구성!

해물 맛이 최애라며
추천해주었어요

언제나 재밌는
현지인의 추천 음식
먹어 보기

짭조름 + 고소한
냄새가 솔솔

국물에서 익숙한
미역국 냄새가
은은하게 풍겨요

국물 감칠맛이 엄청나서
자꾸 홀짝홀짝하게 됨

해물 맛의
깔끔한 국물이라
야식으로도
부담 없는 맛

Map

구글맵에 패밀리마트(全家 혹은 Family Mart), 세븐일레븐(711), PX마트(全聯 혹은 PX Mart), 까르푸(家樂福 혹은 Carrefour)를 검색해 주세요.

큐거트

✕ **메뉴명**
큐거트(Q-gurt)

📍 **판매처**
패밀리마트, 세븐일레븐, PX마트, 까르푸

💰 **가격**
35元, 점포마다 상이

이게 바로 열대 과일 왕국의 요거트

열대 과일 왕국인 대만에서 맛볼 수 있는 요거트를 소개합니다. 패션후르츠와 망고가 가득 들어간 큐거트는 이름만 들어도 상큼함이 느껴지는 요거트입니다. 뚜껑을 열고 노란빛의 요거트를 한가득 떠서 입에 넣으면 눈이 번쩍 뜨이는 신선한 맛을 경험할 수 있어요. 새콤달콤한 패션후르츠 과육과 말캉한 망고 과육이 들어 있어 식감까지 완벽해요. 또 그 속에는 치아씨드도 가득해 씹을수록 톡톡 터지는 재미가 있답니다.

보통 과일 요거트는 인위적으로 과일 향을 추가한 경우가 많은데, 큐거트는 패션후르츠와 망고 본연의 맛을 제대로 살려 만들어 대만에서도 유명합니다. 그릭요거트와 같이 꾸덕한 것이 아닌 꿀꺽꿀꺽 넘어가는 묽은 농도라 우리에게도 익숙한 대중적인 요거트랍니다.

상큼하게 아침을 맞는 방법

한국에서는 찾아볼 수 없는 열대 과일 요거트라 '한국 가기 전에 많이 먹어 둬야지' 하며 수십 차례 사 먹은 기억이 있어요. 대만 편의점이나 마트의 유제품 판매대에서 쉽게 구할 수 있습니다. 가격도 한화 약 1,000원대로 아주 착하답니다. 호텔 냉장고에 넣어두었다가 아침에 먹으면 상큼하게 하루를 시작할 수 있다고요.

▌송차이 툰

패션후르츠 망고 요거트, 큐거트

한국에선 볼 수 없는 레어템, 패션후르츠 망고 요거트!

열대 과일 왕국
대만이 만든
과일 요거트라니
벌써 믿음직

요거트 속
가득 들어 있는
패션후르츠와
망고 과육

포장지에서부터
느껴지는 상콤함..
마트에서 발견 후
바로 집으로 데려옴

세상 프레시한 맛이라
싹싹 할아먹음

포장지도
너무 예뻐서
보기만 해도
기분 좋아짐 주의..

편의점, 마트에서
쉽게 구매할 수 있으니
시도해 보세요!

호텔 냉장고에
넣어뒀다가
아침으로 먹어주기!

Map

구글맵에 패밀리마트(全家 혹은 Family Mart), 세븐일레븐(711), PX마트(全聯 혹은 PX Mart), 까르푸(家樂福 혹은 Carrefour)를 검색해 주세요.

Memo

큐거트는 숟가락이 들어 있지 않아 호텔 식기를 사용하거나 편의점과 마트에서 직원에게 숟가락을 따로 요청해야 합니다.

숟가락 요청

我要湯匙。謝謝!

워야오 탕츠. 씨에씨에!
: 숟가락 주세요. 감사합니다!

18일 생맥주

✗ **메뉴명**
스빠티엔 셩피죠(18天生啤酒)

📍 **판매처**
패밀리마트, 세븐일레븐, PX마트, 까르푸

💰 **가격**
73~190元, 점포마다 상이

뚜껑부터 봐야 하는 생맥주

대만 여행 중 다른 건 몰라도 이거 하나만큼은 꼭 마셨으면 해요. 바로, 18일 생맥주입니다. 이름에서 알 수 있듯이 제조 후 딱 18일 동안만 유통되며 18일이 지나면 다시 공장으로 회수되는 신선한 생맥주랍니다. 병뚜껑을 살펴보면 제조 일자를 확인할 수 있는데요. 모두 신선하지만 1~2일 내로 갓 만든 18일 생맥주를 발견하면 기분이 괜히 더 좋아져요.

맥주 자체를 좋아하는 편은 아닌데 18일 생맥주는 정말 자주 마셨어요. 신선해서 그런지 탄산도 적당하고 맥주 거품도, 전체적인 목 넘김도 부드러워 마시는 동안 정말 행복하거든요. 그리고 맥주 단독으로 마셨을 때보다 음식을 곁들여 즐길 때 진가를 발휘하는 맥주라 어떤 날은 음식과, 또 어떤 날은 과자와 함께 마시고는 해요. 모든 음식과 잘 어울리는 가장 신선한 맥주라 꼭 소개하고 싶었어요.

18일 생맥주는 병맥주와 캔맥주 이렇게 두 가지가 있는데요. 캔맥주는 추천하지 않아요. 병맥주가 훨씬 맛있고 신선하니 꼭 병맥주로 골라주세요. 편의점에서는 병맥주를 구하기 힘들고 주변 마트에 가면 높은 확률로 구매할 수 있습니다.

장사가 잘되는 식당이라는 증거

대만 사람들은 식당의 인기를 18일 생맥주 유무로 판단한다고 해요. 18일이 지나면 다시 회수되는 짧은 유통기한의 맥주기 때문에 장사가 잘되지 않는 곳에서는 이 맥주를 들여놓기가 힘들겠죠. 18일 생맥주를 찾는 사람이 많은, 장사가 잘되는 가게만이 이 맥주를 냉장고 안에 들여놓을 수 있어요. 그래서 술집이나 맛집에 가면 먼저 술 냉장고를 한번 쓱 살펴보고 18일 생맥주가 있다면 '장사가 좀 잘되는 맛집인가 보군!' 하며 속으로 즐거워한답니다.

송차이 툰

신선함의 끝판왕, 18일 생맥주

발견하면 그 자리에서 바로 마셔야 하는 맥주랍니다

제조 후 딱 18일 동안만 유통될 수 있고

대만식 술집인 러차오(熱炒)에서도 종종 발견됩니다

유통기한이 18일로 짧은 맥주기 때문에

18일이 지나도 판매되지 않으면 회수되는 신선한 생맥주!

이 맥주가 있는 술집은 장사가 잘된다는 뜻!

마트에서 쉽게 구매할 수 있으며

병맥주와 캔맥주 두 가지 버전이 있는데요

병맥주가 비교도 안 될 정도로 신선한 맛을 자랑합니다

부드러운 거품과 적당한 탄산, 고소한 보리 향은 어떤 대만 음식과도 환상적인 궁합!

Map

구글맵에 패밀리마트(全家 혹은 Family Mart), 세븐일레븐(711), PX마트(全聯 혹은 PX Mart), 까르푸(家樂福 혹은 Carrefour)을 검색해 주세요.

금색삼맥 꿀 맥주

✗ **메뉴명**
펑미 피죠(蜂蜜啤酒)

📍 **판매처**
패밀리마트, 세븐일레븐, PX 마트, 까르푸

💰 **가격**
108元, 점포마다 상이

현지 수제 맥주 브랜드, 금색삼맥

대만은 맥주로 유명한 나라 중 하나입니다. 대만에서 지내는 동안 맥주의 매력을 알아버렸어요. 짙고 향이 강한 유럽 맥주와는 다르게 좀 더 부드럽고 은은한 향이 나는 게 대만 맥주의 특징인데요. 그중 대만 사람들에게도 인정받는 현지 수제 맥주 브랜드 금색삼맥金色三麥의 맥주는 꼭 마셔 보길 바랍니다. 금색삼맥은 '황금색金色'의 '세 가지 보리三麥'란 뜻으로 잘 익은 보리, 밀, 호밀 이 세 가지 곡식의 모습에서 짓게 된 이름

이라고 해요. 금색삼맥은 대만 지역에서 나는 특산품으로 맥주를 만드는 브랜드로 잘 알려져 있어요.

맥주 속에 진하게 녹아든 꿀 향

가장 인기가 많은 꿀 맥주가 입맛에 딱 맞았는데요. 자칫하면 인위적인 향으로 느껴지기 쉬운 꿀 향이 너무나도 향기로워 마음에 들었습니다. 알아보니 대만에서 자라는 용안龍眼이라는 과일나무꽃의 꿀로 만든 맥주라고 하네요. 처음 뚜껑을 열었을 땐 꿀 향이 확 퍼지고 마시기 시작하면 꿀 향이 살짝 날아가 버려요. 하지만 또다시 시간이 지나면 지날수록 꿀 향과 맛이 점점 더 진해지는 신기한 맥주였습니다. 용안 과일나무에서 자라는 꽃의 꿀과 독일식 라거를 함께 조합해 만든 꿀 맥주로 진한 꿀 향과 적당한 탄산 덕분에 부담 없이 마실 수 있습니다. 금색삼맥의 꿀 맥주를 비롯해 다양한 맥주들도 마셔 보면서 대만에서 좋은 추억을 만들면 좋겠어요.

▎송차이 툰

금색삼맥의 꿀 맥주

여행 마무리는 역시 숙소에서의 맥주 타임이죠

추천 맥주는
금색삼맥(金色三麥)

Sunmai로도 불리는
대만 수제 맥주
브랜드의 꿀 맥주

뚜껑을 열고
코에 갖다 대면

정말 향기로운
꿀물의 향기가!

金色三麥 ┌ 보리(大麥)
잘 익은 세 가지 보리 ├ 밀(小麥)
                └ 호밀(黑麥)

탄산이 적당하고
향긋한 꿀 향이
인위적이지 않아
마시기 좋아요

용안이라는
과일나무에서
피는 꽃의 꿀로 만든
찐 대만 수제 맥주!

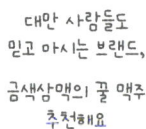

대만 사람들도
믿고 마시는 브랜드,
금색삼맥의 꿀 맥주
추천해요

아 나 맥주 안 좋아하는데..
좋아지게 만드네..

Map

구글맵에 패밀리마트(全家 혹은 Family Mart), 세븐일레븐(711), PX마트(全聯 혹은 PX Mart), 까르푸(家樂福 혹은 Carrefour)를 검색해 주세요.

구글맵에 '金色三麥' 혹은 'Sunmai'라고 검색하면 금색삼맥의 맥주와 안주를 함께 맛볼 수 있는 여러 펍이 나옵니다. 펍은 방문 전에 예약하는 걸 추천해 드려요. 구글맵 예약 탭에서 바로 예약이 가능합니다.

금색삼맥

신의점(金色三麥 信義店)
📍 B1, No. 11, Songgao Rd, Xinyi District, Taipei City, 110

타이베이메인역점(金色三麥 臺北京站店)
📍 103, Taipei City, Datong District, Section 1, Chengde Rd, 1號4樓

우마미(UMAMI, 金色三麥)
📍 110, Taipei City, Xinyi District, Songzhi Rd, 17號7樓

Memo

일몰 맛집으로 잘 알려진 다다오청大稻埕에는 다양한 음식과 음료를 파는 푸드트럭이 모여 있는데요. 금색삼맥의 맥주를 마실 수 있는 맥주 트럭이 항상 상주해 있습니다. 맥주 한 잔과 함께 일몰을 감상하는 것도 좋은 방법 중 하나랍니다.

편의점 고구마

✗ **메뉴명**
띠과(地瓜)

📍 **판매처**
패밀리마트, 세븐일레븐

💰 **가격**
개당 30~90元

대만 편의점에서 마주친 고구마

대만의 특산품인 고구마. 대만 사람들의 사랑을 듬뿍 받는 고구마는 편의점에서 쉽게 찾아볼 수 있어요. 편의점에 들어서면 따끈따끈한 고구마가 한가득 놓여있는 매대를 볼 수 있답니다. 직접 고구마를 세척하고 커다란 찜기에서 쪄낸 편의점 아르바이트생의 노고 덕분에 우리는 언제든 갓 쪄낸 고구마를 맛볼 수 있어요.

대만 고구마는 꿀고구마

편의점 고구마는 무게별로 가격이 달라집니다. 때에 따라서 미리 개별 포장해 봉투에 가격을 적어 두는 경우도 있어요. 별다른 포장 없이 고구마만 있는 경우는 원하는 고구마를 봉투에 담아 계산대로 가져가면, 저울에 무게를 잰 후 계산해 줍니다. 세븐일레븐의 고구마는 찜기에서 푹 쪄낸 물고구마, 패밀리마트의 고구마는 겉이 살짝 탈 정도로 바싹 구운 군고구마 스타일이에요. 조리법은 다르지만 어떻게 조리해도 꿀이 뚝뚝 흐르는 달콤하고 촉촉한 호박고구마라 맛있답니다.

관광객보다는 현지인이 끼니를 해결할 때, 혹은 다이어트를 할 때 많이 찾는 편의점 간식이에요. 길거리를 걷다 보면 고구마 봉투를 손에 들고 걸어가는 사람을 흔하게 볼 수 있답니다. 아기자기한 대만 편의점에 앉아 따끈한 고구마를 호호 불어먹는 추억이야말로 우리에게 소소한 즐거움을 준답니다.

▌송차이 툰

편의점 고구마
구황작물 좋아하는 사람들이라면 여기 주목!

고구마가 대만의 특산물 중 하나라는 사실, 알고 있나요?

그중에서도 편의점에서 파는 고구마가 정말 별미랍니다!

무게별로 가격이 달라지는 편의점 고구마!

포장된 경우 원하는 가격이 적힌 봉투를 계산대로 가져가기

고구마만 있다면 봉투에 직접 담아 계산대로 가져가기

편의점마다 고구마 스타일도 조금씩 다르답니다!

[세븐일레븐]

찜기에 촉촉하게 찐 물고구마 st

모두 꿀이 가득 찬 호박고구마라 다 맛있다는 게 포인트

[패밀리마트]

바싹 구운 군고구마 st

Map

구글맵에 패밀리마트(全家 혹은 Family Mart), 세븐일레븐(711)을 검색해 주세요.

우유 시리얼 푸딩

✗ **메뉴명**
위미 추이피엔 나이라오
(玉米脆片奶酪)

📍 **판매처**
PX마트, 까르푸

💰 **가격**
3개입 58~60元 점포마다 상이

푸딩에 진심인 나라

대만에서 오랜 시간을 지내다 보니 처음에는 알아채지 못했던 대만만의 특징을 알게 되었어요. 그중 하나가 바로 푸딩입니다. 대만 곳곳에서 현지인의 푸딩 사랑을 엿볼 수 있었습니다. 대만 카페에서 푸딩은 케이크보다 자주 볼 수 있는 디저트고 마트에 가면 커스터드, 우유, 딸기, 차茶 맛 등 종류별로 푸딩이 진열되어 있어요. 푸딩을 진심으로 좋아하는 대만에서 가장 흔하게 먹을 수 있는 건 역시 커스터드 푸딩이지만, 이는 우리가 다 아는 그 맛이라 살짝 건너뛰고 대만에서만 맛볼 수 있는 특이한 푸딩을 소개하려고 해요.

시리얼 바삭파는 고개를 들어주세요

시리얼이 눅눅해지기 전 바삭할 때 바로 먹는 바삭파와 시리얼이 우유를 잔뜩 머금어 눅눅해지길 기다리는 눅눅파로 나뉘는 '시리얼 논쟁'을 아시나요? 여러분은 시리얼을 먹을 때 어느 쪽인가요? 만약 바삭파라면 '우유 시리얼 푸딩'을 꼭 맛보세요.

마트에서만 구입할 수 있는 우유 시리얼 푸딩은 우유푸딩에 시리얼 토핑을 섞어 먹는 특이한 푸딩이에요. 우유의 고소함을 꾹꾹 눌러 담은 하얀 푸딩과 옥수수로 만든 바삭한 시리얼의 조합은 익숙한듯 새로운 느낌을 준답니다. 푸딩 자체의 퀄리티도 정말 중요하겠죠. 우유푸딩은 우유의 고소함이 아주 진하게 느껴지는 데다, 입에 넣자마자 기분이 좋아지는 탱글탱글함까지 갖추고 있어 만족스러웠어요. 평소 푸딩을 좋아하거나 대만의 특이한 디저트를 찾고 있다면 현지 마트에서 꼭 우유 시리얼 푸딩을 구입하길 바랍니다.

송차이 툰

바삭파 주목, 우유 시리얼 푸딩
푸딩 마니아라면 놓치면 안 될 특이한 간식!

부드럽고
말랑한 식감을
정말 좋아하는
대만 사람들

이런 대만에서 찾아낸 우유 시리얼 푸딩은

현지 마트인
PX마트, 까르푸에서
살 수 있으며

많은 카페의
기본 디저트가
푸딩일 정도로
푸딩에 진심인 나라

3개 묶음으로만
판매합니다

걱정마세요
다 먹을 수 있으니..

우유가 응축된
탱글한 우유푸딩과
뚜껑에 담긴
바삭한 시리얼

현지 마트에 가게 된다면
꼭 데려와야 할 장바구니 필수템

우유에 시리얼을
말아 먹을 때

그 달콤함을
완벽히 표현해 냄

Map

구글맵에 PX마트(全聯 혹은 PX Mart), 까르푸(家樂福 혹은 Carrefour)를 검색해 주세요.

Memo

우유 시리얼 푸딩은 숟가락이 들어 있지 않아 호텔 식기를 사용하거나 마트 계산대에서 직원에게 숟가락을 따로 요청해야 합니다.

숟가락 요청

我要湯匙。謝謝!

워야오 탕츨. 씨에씨에!

: 숟가락 주세요. 감사합니다!

패밀리마트 아이스크림

✕ 메뉴명
취엔찌아 쐉치린(全家霜淇淋)

📍 판매처
패밀리마트

💰 가격
개당 45元

우리도 할 수 있다, 편의점 아이스크림 주문

패밀리마트는 대만에서 가장 흔하게 볼 수 있는 편의점 중 하나입니다. 겉으로는 평범한 편의점이지만 일부 패밀리마트는 전용 아이스크림 기계가 있을 뿐만 아니라 매달 새로운 맛의 아이스크림을 출시해 많은 인기를 끌고 있어요. 옥수수수프, 파파야 우유, 자색 고구마 등 다양한 맛의 아이스크림을 내놓기도 하고 유명 인플루언서나 카페와 콜라보해 아이스크림을 출시하기도 합니다. 매달 새로운 맛의 아이스크림이 출시될

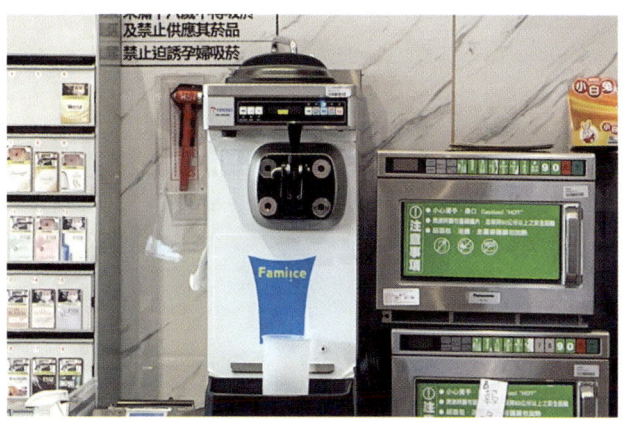

때마다 대만 SNS는 패밀리마트 아이스크림에 대한 리뷰와 사진이 가득하답니다. 현지인들 사이에서 핫한 패밀리마트 아이스크림이지만, 외국인이 직접 주문하기는 어려워 많은 이들이 시도조차 못 해 보는데요. '편의점 아이스크림 주문하는 법'을 정리해 두었으니 당당하게 아이스크림을 주문해 봅시다.

아이스크림을 파는 편의점 찾는 법

모든 패밀리마트에서 아이스크림을 판매하는 건 아니에요. 규모가 크고, 취식 공간이 있으며, 매장 안팎에 아이스크림을 먹는 손님이 많다면 높은 확률로 아이스크림을 판매한답니다. 정확한 방법은 편의점 계산대 근처에 아이스크림 기계가 있는지 확인해 보는 것이에요.

아이스크림 기계를 찾았다면 기계의 구멍이 1개인지 3개인지 확인해야 해요. 구멍이 1개라면 매달 출시되는 시즌 메뉴만 주문이 가능하고 구멍이 3개라면 우유 맛, 시즌 메뉴, 반반 이렇게 세 가지 옵션 중 고를 수 있어요. 매장의 상황과 취향에 따라 원하는 아이스크림을 주문하면 됩니다.

편의점이 아이스크림 맛집?

대만에서 흔하게 볼 수 있는 편의점, 패밀리마트

현지인에게도 핫한 아이템인 패밀리마트 편의점 아이스크림

아래 조건의 패밀리마트가 높은 확률로 아이스크림을 팔아요

우리도 충분히 사 먹을 수 있어요!

(1) 규모가 크다
(2) 취식 공간이 있다
(3) 아이스크림을 먹는 사람이 주변에 많다

창문 너머로 아이스크림 기계 유무를 확인해 보는 것도 좋은 방법!

패밀리마트 아이스크림은 세 가지 종류의 맛이 있어요

우유 맛   시즌 메뉴   반반

QR코드를 스캔 후 아이스크림 지도를 다운로드하면

아이스크림 기계의 구멍이 3개여야 모두 주문할 수 있어요

아이스크림 판매 지점을 확인할 수 있어요

시즌 메뉴는
어디서도 볼 수 없는
신기한 맛들이
자주 출시됩니다

옥수수수프,
파파야 우유,
자색 고구마 등
정말 특이하죠?
근데 또 맛있음..

아이스크림 주문 방법은
다음 장을 참고해 주세요 -!

Map

구글맵에 패밀리마트(全家 혹은 Family Mart)를 검색해 주세요. 또는 직접 정리한 '패밀리마트 아이스크림'을 다운로드 해 주세요.

Tip   편의점 아이스크림 주문하는 법

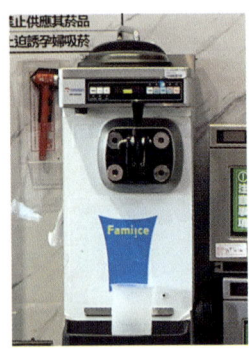

아이스크림 기계 구멍이 1개인 경우
/시즌 메뉴만 주문 가능

① 我要一個霜淇淋, 餅乾就好了。

워 야오 이거 쓩앙치린, 삥깐 찌우 하오러.
아이스크림 하나 주시고요, 콘에 담아주세요.

② 我要一個霜淇淋, 杯子就好了。

워 야오 이거 쓩앙치린, 뻬이즈 찌우 하오러.
아이스크림 하나 주시고요, 컵에 담아주세요.

아이스크림 기계 구멍이 3개인 경우
/ 우유 맛, 시즌 메뉴, 반반 선택 가능

① 我要一個霜淇淋牛奶口味, 餅乾就好了。

워 야오 이거 쓩앙치린 뇨나이 코웨이, 삥깐 찌우 하오러.
우유 맛 아이스크림 하나 주시고요, 콘에 담아주세요.

② 我要一個霜淇淋牛奶口味, 杯子就好了。

워 야오 이거 쓩앙치린 뇨나이 코웨이, 뻬이즈 찌우 하오러.
우유 맛 아이스크림 하나 주시고요, 컵에 담아주세요.

③ **我要一個霜淇淋新口味, 餅乾就好了。**

워 야오 이거 슈앙치린 씬 코웨이, 삥깐 찌우 하오러.
새로운 맛 아이스크림 하나 주시고요, 콘에 담아주세요.

④ **我要一個霜淇淋新口味, 杯子就好了。**

워 야오 이거 슈앙치린 씬 코웨이, 뻬이즈 찌우 하오러.
새로운 맛 아이스크림 하나 주시고요, 컵에 담아주세요.

⑤ **我要一個霜淇淋綜合口味, 餅乾就好了。**

워 야오 이거 슈앙치린 쫑흐어 코웨이, 삥깐 찌우 하오러.
반반 맛 아이스크림 하나 주시고요, 콘에 담아주세요.

⑥ **我要一個霜淇淋綜合口味, 杯子就好了。**

워 야오 이거 슈앙치린 쫑흐어 코웨이, 뻬이즈 찌우 하오러.
반반 맛 아이스크림 하나 주시고요, 컵에 담아주세요.

추가 요청 사항

/ 컵을 선택했을 경우

① **可以幫我給湯匙嗎?**

커이 빵 워 게이 탕츨 마?
숟가락 주실 수 있으세요?

② **可以幫我給蓋子嗎?**

커이 빵 워 게이 까이즈 마?
뚜껑 주실 수 있으세요?

3
길거리 음식

여행자가 맛보기 힘든 특별한 음식을 찾고 있다면 놓치면 안 될 길거리 음식! 길가에 있는 작은 가게에서 음식을 직접 주문하고 맛보면 나도 모르게 대만 음식에 조금씩 빠져들게 된답니다. 골목마다 바뀌는 주변 분위기와 가게 사장님에 따라 새로워지는 메뉴들! 길거리 음식은 대만 사람들의 입맛과 취향을 가장 가까이에서 살펴볼 수 있는 음식이에요.

난이도
★
★

길거리 음식

두부롤

✕ **메뉴명**
또우푸쥔(豆腐捲)

📍 **판매처**
쪼우찌아 또우푸쥔
(周家豆腐捲)

🛒 **가격**
개당 35元

시장 감성 두부롤 가게

국부기념관과 타이베이101 빌딩이 있는 신이구 주변에 자리 잡은 로컬 끝판왕, 길거리 음식점을 소개합니다. 아침이면 더욱 활기찬 시장가에 있는 두부롤 가게로 이른 아침부터 점심까지 두부롤을 사려는 동네 사람들의 발길이 끊이지 않습니다.

할머니의 손맛을 느끼다

두툼한 빵피 속에 소금 간이 살짝 된 양배추와 두부, 당면을 넣은 다음 기름 없이 노릇노릇하게 구우면 완성되는 간단한 두부롤. 비주얼도 만드는 과정도 단순하지만, 담백하면서도 쫄깃한 그 맛은 한번 먹으면 푹 빠져들고 말 거예요. 기름에 굽지 않아 겉은 화덕 피자의 테두리처럼 보드랍고 쫄깃한 게 특징입니다. 속 재료인 양배추도 아삭아삭 기분 좋게 씹히고, 짭조름한 두부는 마치 할머니 집에 놀러 가면 자주 먹던 두부부침이 떠오른답니다. 촉촉한 당면까지 가득 들어 있으니 든든한 아침 한 끼 해결되겠죠.

시장 안쪽에 있는 가게라 사람들로 항상 북적북적한데요. 사람들 사이에서 노릇하게 구워지는 두부롤을 멍하니 구경하고, 갓 구운 두부롤을 앙 베어 물며 감탄하는 소소한 즐거움이 두부롤의 맛을 더하는 것 같습니다.

▌송차이 툰

담백 따뜻한 두부롤
복작복작한 시장 골목에 있는 작은 두부롤 가게

동네 사람들도
줄 서서 사가는

길거리 음식
노릇노릇 두부롤

담백하고 쫄깃한
빵피와
아삭한 양배추,
두부, 당면으로
가득 찬 두부롤

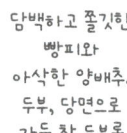

정말 단순한
비주얼이지만

자꾸만 생각나는
담백 고소한 맛

특히나 빵피가
부드러워
화덕 피자를 먹는
기분이었어요

한국 사람들에게는
잘 알려지지 않은

시장 간식인데요
유명해졌으면..

두부롤을 손에 들고 다니면서
국부기념관 앞을 산책하면 딱!

자극적인 맛을
원한다면
가게 앞쪽에 있는
소스 뿌려 먹기

Map

쪼우찌아 또우푸쥔(周家豆腐捲)

📍 No. 106, Lane 419, Guangfu S Rd, Xinyi District, Taipei City, 110

Memo

가게가 있는 곳은 국부기념관 근처로 주변을 산책하기 안성맞춤이에요. 특별한 무언가 있는 장소는 아니지만 분위기가 너무 좋은 거리입니다. 야자수, 타이베이101 빌딩, 국부기념관을 모두 볼 수 있으니 두부롤을 먹으며 천천히 산책해 보세요.

로송빵

✘ **메뉴명**
로송미엔빠오(肉鬆麵包)

📍 **판매처**
길거리 빵집

💰 **가격**
20~30元, 점포마다 상이

중독되면 답도 없는, 로송

 우리나라엔 김 가루, 일본엔 후리카케가 있다면 대만에는 로송이 있어요. 아직 한국 관광객에게는 잘 알려지지 않은 음식이라 생소할 수 있지만, 한번 맛보게 되면 그 후로는 끊을 수 없는 중독성을 자랑하기 때문에 꼭 소개하고 싶었어요. '고기肉'와 '보슬보슬한 식감鬆'을 뜻하는 한자로 이루어진 '로송肉鬆'은 고기를 말려 잘게 찢은 다음 가루로 만든 음식이에요. 대만에서는 아침 식사로 흰죽 위에 로송을 올려 먹기도 하고 빵, 에그롤, 토스트 등 다양한 음식에 넣어 먹기도 해요. 대만 룸메이트 말에 의하면 로송만 단독으로 먹는 사람도 있다고 합니다.

먹어보기 전까지는 모르는 로송빵의 맛

다양한 음식과 함께 곁들였을 때 진가를 발휘하는 로송. 그중에서도 로송빵을 가장 좋아하는데요. 이는 대만 길거리 빵집에서 흔하게 볼 수 있는 기본 메뉴예요. 우리나라로 치면 단팥빵과 찹쌀꽈배기 같은 느낌이지요. 폭신한 빵 위에 대만식 마요네즈를 듬뿍 바르고 그 위로 로송을 솔솔 뿌린 다음 김 가루를 살짝 올려주면 완성되는 로송빵. 달짝지근한 마요네즈, 짭짤한 로송과 김 가루가 만들어내는 극강의 단짠 조합에 헤어 나오지 못했답니다.

가장 맛있다고 생각하는 로송빵은 대만대학교 내 빵집의 로송빵입니다. 대학교 내에 있어 평일에만 영업하며, 로송빵은 매일 오전 10시 40분에서 11시 사이에 나옵니다. 갓 나온 로송빵이 먹고 싶다면 해당 시간대에 맞춰 방문하는 것을 추천드려요. 대만대학교는 대만의 1위 대학이기도 하고 캠퍼스가 아름답기로 유명한 곳이니, 기회가 된다면 방문해 캠퍼스도 구경하고 맛있는 로송빵도 맛보세요.

◤송차이 툰

대만 국민 빵, 로송빵
대만 로컬 빵집이라면 꼭 있는 메뉴인 로송빵!

최애 빵이라고 자신 있게 말할 수 있어요

퐁신한 빵 위에 마요네즈를 바르고 로송과 김 가루를 뿌리면 로송빵 완성!

로송(肉鬆)은 고기를 말린 다음 찢어 가루로 만든 대만식 음식!

모든 감칠맛을 모아 놓은 맛이라 한번 먹고 나면 자꾸 생각나요

짭짤하면서도 고소하고 감칠맛 가득한 로송!

육류로 분류되어 가져올 수 없으니 꼭 현지에서 드셔보세요!

한국으로 돌아가면 로송빵이 가장 그리울 것 같아요

저랑 같이 로송빵 밀반입 시도해 줄 사람 구합니다!

Map

리양 홍페이팡(里洋烘培坊)
개인적으로 가장 추천하는 대만대학교 내 빵집입니다.

📍 106, Taipei City, Da'an District, 羅斯福路四段1號106216, 第一學生活動中心活大餐廳

이지성

시먼점(一之軒 西門店)
📍 No. 105, Hengyang Rd, Zhongzheng District, Taipei City, 100

타이베이메인역점(一之軒 京站店)
📍 No. 209, Section 1, Shimin Blvd, Datong District, Taipei City, 103

난시점(一之軒 南西店)
📍 No. 35, Nanjing W Rd, Datong District, Taipei City, 103

난징점(一之軒 南京店)
📍 No. 154, Section 5, Nanjing E Rd, Songshan District, Taipei City, 10597

난이도
★
★

꽈바오

길거리 음식

✖ **메뉴명**
꽈바오(刈包)

📍 **판매처**
란지아 꽈바오(藍家割包)
일갑자 손음(一甲子餐飲)

💰 **가격**
란지아 꽈바오 70元
일갑자 손음 50元

따끈하고 폭신한 대만식 햄버거 꽈바오

　대만에는 폭신한 빵 사이에 두툼한 동파육을 끼워 먹는 대만식 햄버거 꽈바오가 있어요. 꽃빵 재질의 새하얀 빵 사이 간장에 푹 졸여 야들야들한 동파육, 고소한 땅콩 가루, 대만식 야채 절임 쏸차이酸菜 그리고 고수를 넣어 먹는 대표적인 대만 길거리 간식입니다. 빵은 찜기에서 바로 쪄내 폭신하고 따끈한 데다가, 동파육은 짭짤하고 달콤해 감칠맛이 아주 환

상적이랍니다. 땅콩 가루는 꽈바오의 전체적인 맛을 고소하게 만들고, 중간중간 오독오독 씹히는 쌴위차이의 식감이 먹는 재미를 더합니다. 미리 만들어 놓는 음식이 아니라 주문을 하는 순간 그 자리에서 바로 만드는 음식이기 때문에 과정을 구경하는 재미도 빼놓을 수 없어요.

관광객뿐만 아니라 현지인도 점심이나 저녁 식사로 자주 사 먹는, 일상에서 자주 볼 수 있는 음식입니다. 타이베이 시내에서 꽈바오가 맛있다고 소문난 맛집 두 곳의 정보와 주문 방법을 정리해 두었으니, 맛있는 꽈바오를 먹으며 대만의 분위기를 한껏 느껴보세요.

▌송차이 툰

대만식 햄버거, 꽈바오

대만스러운 길거리 간식 중 하나라고 생각하는 꽈바오!

풍신한 빵 속 동파육, 땅콩 가루, 야채 절임(쏸차이)을 넣어 먹는 꽈바오

짭짤한 양념에 오랜 시간 졸여 야들야들해진 동파육과

갓 쪄낸 꽃빵 재질의 풍신풍신한 빵 식감이 대박..

고소한 땅콩 가루, 대만식 장아찌인 쏸차이가 꽈바오의 포인트

현지인들 사이에서 줄을 서서 사 먹는 꽈바오는

대만에 와 있음이 실감나게 하는 대만스러운 맛

Map

란지아 꽈바오(藍家割包)
아주 유명한 대만 대학교 근처 꽈바오 맛집입니다.

📍 No. 3, Alley 8, Ln. 316, Section 3, Roosevelt Rd, Zhongzheng District, Taipei City, 100

일갑자 손음(一甲子餐飲)

📍 No. 79, Kangding Rd, Wanhua District, Taipei City, 108

Memo

꽈바오와 꽈바오의 속 재료인 동파육을 활용한 동파육 덮밥을 주문하는 법을 알려 드릴게요.

란지아 꽈바오 / 일반 주문

我要一個刈包半肥半瘦, 不要香菜。

워야오 이거 꽈바오 빤페이 빤쇼우, 부야오 샹차이.

: 비계 반 살코기 반 꽈바오 하나에, 고수 빼 주세요.

일갑자 손음 / 일반 주문

我要一個刈包。

워야오 이거 꽈바오.

: 꽈바오 하나 주세요.

我要一個刈包, 不要香菜。

워야오 이거 꽈바오, 부야오 샹차이.

: 꽈바오 하나에, 고수 빼 주세요.

/ 동파육 덮밥 주문

我要一碗控肉飯, 加滷蛋。

워야오 이완 콩로우판, 찌아 루딴.

: 동파육 덮밥에, 달걀장조림 추가해 주세요.

호호미 파인애플번

✘ **메뉴명**
뽀로요우(菠蘿油)

📍 **판매처**
호호미 소보로(好好味冰火菠蘿油)

💰 **가격**
일반 40元, 프레지덩 45元, 에쉬레 60元, 레몬차 50元

홍콩보다 더 맛있는 대만의 파인애플번

홍콩의 대표 음식으로 알려진 '파인애플번'을 아시나요? 빵, 커피, 음료 등 다양한 메뉴를 맛볼 수 있는 '차찬탱茶餐廳(홍콩식 발음)'에서 파는 홍콩의 대표 빵입니다. 오돌토돌한 빵의 윗부분이 파인애플 껍질과 닮았다고 하여 파인애플번이라는 이름이 붙여졌다고 하는데요. 대만에는 홍콩보다 파인애플번을 더 맛있게 만드는 가게가 있습니다. 대만 사람들 사이에서는 이미 모르는 사람이 없을 정도로 유명하답니다. 〈호호미〉 혹은 〈호호미 소보로〉라 불리는 체인점으로 타이베이는 물론 가오슝에서도 맛볼 수 있어요.

버터는 가장 비싼 걸로 주세요

금방 구워 낸 따끈한 파인애플번을 반으로 가른 후 차갑고 두툼한 버터를 빵 사이에 끼워 줍니다. 빵의 윗부분은 바삭하고, 아랫부분은 아주 폭신폭신해요. 윗부분이 얼마나 바삭한지 한입 베어 물면 바사삭 소리가 들릴 정도랍니다. 빵 속에 든 버터는 아이스크림처럼 차가우면서도 짭짤해 달짝지근한 빵과 잘 어울립니다. 파인애플번 사이에 들어가는 버터의 종류에 따라 가격이 달라지는데요. 항상 가장 비싼 에쉬레 버터 파인애플번을 주문해 먹어요. 비싼 게 더 맛있는 것 같은 그런 느낌 잘 아시죠?

똥랭차를 빼먹으면 큰일나요

파인애플번을 먹을 때 곁들이면 좋은 음료는 홍콩식 레몬차인 '똥랭차凍檸茶(홍콩식 발음)'입니다. 똥랭차를 주문하면 홍차에 레몬을 몇 장 깔아주는데요. 빨대로 레몬을 콱콱 찍어주세요. 그래야 레몬즙이 나오면서 맛이 상큼해져요. 파인애플번과 음료를 함께 주문하면 음료는 5元 할인해 주니 새콤달콤하고 시원한 똥랭차를 파인애플번과 함께 즐겨 주세요. 대만에서 지내는 동안 홍콩 여행도 다녀왔는데요. 홍콩 여행에서 많은 파인애플번과 똥랭차를 먹었지만, 호호미의 파인애플번과 똥랭차가 정말 비교할 수 없을 정도로 맛있답니다.

송차이 툰

버터 가득 파인애플번

한번 먹으면 계속 생각나는 파인애플번을 아시나요?

빵의 윗부분이 파인애플 껍질 모양이라 파인애플번이라 부름

파인애플번은 커스터드 향이 나면서 폭신 달콤하고

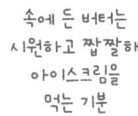 

〈호호이〉라는 가게에서 먹어볼 수 있는 버터 가득 파인애플번!

속에 든 버터는 시원하고 짭짤해 아이스크림을 먹는 기분

파인애플번 속 버터에 따라 달라지는 가격

갈증을 시원하게 해소하는 방법! 홍콩식 레몬차도 주문해 주세요

 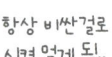 

버터별 맛 차이는 크지 않지만

항상 비싼걸로 시켜 먹게 됨..

음료 속 레몬을 빨대로 콕콕 찍어주면 더욱 상큼해져요

Map

호호미 소보로

동취점(好好味冰火菠蘿油 東區店)

📍 No. 19, Lane 107, Section 1, Fuxing S Rd, Da'an District, Taipei City, 106

사범대학교 야시장점(好好味冰火菠蘿油)

📍 No. 19-1, Longquan St, Da'an District, Taipei City, 106

Memo

추천 메뉴

招牌冰火菠蘿油 / 일반 버터 파인애플번

總統冰火菠蘿油 / 프레지덩 버터 파인애플번

LV 頂級冰火菠蘿油 / 에쉬레 버터 파인애플번

港式凍檸茶 / 홍콩식 레몬차

황지아 소시지

✖ **메뉴명**
샹창(香腸)

📍 **판매처**
황지아 소시지(黃家香腸)

💰 **가격**
개당 35元

소시지 강국, 대만

대만에서 처음 먹어본 후 아직도 끊어내지 못하고 있는, 엄청난 맛과 중독성을 자랑하는 음식이 하나 있는데요. 바로 대만의 길거리 소시지입니다. 대만의 소시지는 우리가 알고 있는 한국의 소시지와 아예 다른 맛인데요. 육질이 그대로 살아있어 쫄깃한 식감은 기본이고, 달콤하고 숯불 향이 가득 배어 있어 한입 먹는 순간 눈이 번쩍 떠지는 그런 엄청난 맛이에요. 사람들은 대만이 버블티와 지파이로 유명한 나라라고 알고 있지만, 조심스럽게 대만은 소시지 강국이라고 말하고 싶어요.

꼭 먹어봐야 할 길거리 소시지구이

길거리 소시지는 야시장에서 쉽게 찾아볼 수 있는데요. 야시장도 물론 맛있지만 〈황지아 소시지〉에 가서 대만식 소시지구이를 먹는 걸 추천하고 싶어요. 차만 쌩쌩 달리는 도로변에 위치한 아주 작은 노점이지만, 소시지를 구매하려는 현지인들로 하루 종일 북적북적한 가게랍니다. 백종원 대표가 대만에 다녀가면서 이 가게를 리뷰한 뒤로 국내에서 유명해져 요즘은 한국인 관광객도 종종 보이더라고요.

현지인과 관광객 모두에게 유명한 데다 현지인들은 한 번에 몇십 개씩 구매하기 때문에 대기는 99% 있는 편입니다. 하지만 기다린 만큼 대만에서, 아니 세상에서 가장 맛있는 인생 소시지를 만날 수 있게 될 거예요. 가게 안에서 5~6명의 사람이 큰 불판 앞에 모여 소시지를 몇십 개씩 뒤집으며 숯불 향을 입히고, 중간중간 구멍을 콕콕 내어 숯불 향이 안쪽까지 고루 밸 수 있도록 바쁘게 움직이고 있어요.

차례가 되면 원하는 개수를 말하고 바로 결제하면 돼요. 하나당 35元으로 한화 약 1,000원이 조금 넘는 가격이에요. 많이들 1인 1소시지 하는데 1인 2소시지까지도 가능하다고 봅니다. 무조건 1인 2소시지 해주세요.

▌송차이 툰

1인 2소시지 필수, 대만 소시지

대만 최고의 소시지 맛집을 공개합니다! 집중해주세요

도로변에 숨겨진
아주 작은 노점
〈황지아 소시지〉

웨이팅은
항상 있지만
기다림이
아깝지 않은 맛

대만식 소시지는
달짝지근하고
육즙이 가득한데다
숯불 향까지 입혀져
완전히 새로운 맛

5~6명의 사람이
큰 불판에 모여
수십 개의 소시지를
굽고 있음

그리고 '마늘 챙기기' 꼭 기억해주세요

계산할 때
셀프로 마늘을
봉투에 담아주기

1인 2소시지도 가능한 맛이니
하나만 사고 후회하지 말기

소시지 하나당
마늘 1~2알이면
충분합니다

Map

황지아 소시지(黃家香腸)

📍 No. 32-3, Quanzhou St, Zhongzheng District, Taipei City, 100

Memo

마늘 싫어해도 일단 한번 잡솨봐!

계산할 때 계산대 앞에 놓인 마늘을 꼭 챙겨 주세요. 원하는 만큼 직접 담으면 된답니다. 마늘은 껍질을 까지 않은 것과 깐 마늘이 있는데, 꼭 깐 마늘로 챙기세요. 소시지 냄새가 너무 좋아서 마늘 껍질을 까고 있을 시간이 없답니다. 생마늘을 아주 싫어하는 사람 중 한 명이었지만, 대만 소시지를 먹을 때만큼은 생마늘을 꼭 챙긴답니다. 소시지의 달콤함 사이로 생마늘의 알싸한 매콤함이 탁 치고 올라오면서 밸런스가 완벽하게 맞춰진다고요.

홍두병

✗ 메뉴명
홍또우뼁(紅豆餅)

📍 판매처
길거리 가게

💰 가격
20~30元, 점포마다 상이

대만식 풀빵, 홍두병

우리나라에 풀빵이 있다면 대만에는 홍두병이 있다. 대만의 대표적인 길거리 간식으로 겨울이 오면 찾는 사람들이 많아지는, 겨울을 겨냥한 따끈따끈한 간식입니다. 팥을 뜻하는 '홍또우紅豆'와 빵 혹은 파이를 뜻하는 '뼁餅' 한자를 사용해 '홍또우뼁紅豆餅'이라 부르는데요. 자동차 바퀴 모양과 닮았다고 해서 자동차 바퀴를 뜻하는 '처룬車輪' 한자를 사용해 '처룬뼁車輪餅'이라 부르기도 합니다. 길을 걷다 보면 동그란 틀에 반죽을 붓고 커다란 풀빵 모양으로 빵을 굽는 장면을 목격할 수 있을 거예요. 우리

나라 풀빵의 두 배 정도 큰 바가지 모양 빵을 구운 후 그 속을 팥, 슈크림, 땅콩, 초콜릿 등 다양한 재료로 채우고 속이 익어가면 반대쪽 바가지 모양 빵으로 위를 덮어 완전히 굽습니다.

클래식함부터 유니크함까지

겉은 붕어빵 꼬리 부분 같이 바삭한 식감이고 속은 따뜻한 필링이 가득 들어 있어서, 날씨가 쌀쌀할 때 한입 가득 베어 물면 정말 행복해지는 맛입니다. 클래식한 맛을 즐기고 싶다면 팥이나 슈크림이 들어간 홍두병을, 요즘 대만 사람들이 좋아하는 새로운 맛에 도전해 보고 싶다면 타로가 들어간 홍두병을 선택해 보세요. 그 외에도 가게마다 타피오카 펄, 오레오, 초콜릿, 말차, 매쉬드 포테이토, 참치, 양배추 등 다양한 재료를 넣어 판매하니 새로운 경험을 원한다면 이색적인 홍두병도 도전해 보세요.

송차이 툰

대만의 풀빵, 홍두병

한국에 풀빵이 있다면 대만은 홍두병이 있다?

대만의 겨울이 다가올수록

홍두병을 찾는 사람들이 늘어나요

생각보다 두툼하고 큼직합니다

팥과 슈크림은 어느 가게든 있는 기본적인 맛이고

바가지 모양 빵 속을 다양한 재료로 가득 채워 굽는 대만식 풀빵

타로, 녹차, 타피오카 펄, 떡, 땅콩 등 다양한 재료를 넣기도!

언제 먹어도 맛있는 대만의 대표적인 길거리 간식

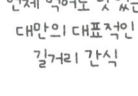

살짝 추워지는 11~2월에 먹어주면 더 꿀맛!

따뜻 바삭한 홍두병 봉투를 들고 골목을 걸으면 대만 감성 완성!

Map

구글맵에 홍두병(紅豆餅) 혹은 처륜뼁(車輪餅)을 검색하면 가까운 가게를 찾을 수 있습니다.

량띠엔 공관점(兩點 公館店)
팥과 슈크림 외에도 타로, 타피오카 펄, 말차 등 여러 맛을 판매하는 가게입니다.

📍 No. 185, Section 3, Tingzhou Rd, Zhongzheng District, Taipei City, 100

꽝화 홍또우뼁(光華紅豆餅)
팥과 슈크림 외에도 땅콩, 양배추 등 여러 맛을 판매하는 가게입니다.

📍 No. 16, Lane 82, Section 1, Bade Rd, Zhongzheng District, Taipei City, 100

처룬 따슈 추이피 처룬뼁(車輪大叔脆皮車輪餅)
떡(모찌)이 들어간 홍두병을 판매하는 가게입니다.

📍 No. 106, Liaoning St, Zhongshan District, Taipei City, 10491

맥도날드 고구마튀김

✕ **메뉴명**
황찐 띠과티아오(金黃地瓜條)

📍 **판매처**
맥도날드

💰 **가격**
고구마튀김 58元, 아이스크림 30元

맥도날드를 가야 하는 이유

전 세계 어디에나 있는 패스트푸드점 맥도날드는 현지 상황과 현지인 취향을 반영해 그 나라만의 한정 메뉴들을 출시합니다. 한정 메뉴는 현지인의 입맛을 사로잡는 것은 물론이고, 그 나라를 찾는 여행객에게 새로운 경험을 제공하죠. 대만 맥도날드에서는 대만 한정 메뉴인 '고구마튀김'을 맛볼 수 있는데요. 로컬 맛집 중 하나라고 해도 과언이 아닙니다.

감자튀김은 너무 흔하니까

고구마가 유명한 대만답게 대만의 맥도날드에는 감자튀김 외에도 고구마튀김을 판매하는데요. 한국인이 신기해 하는 메뉴 중 하나입니다. 두툼하게 자른 신선한 고구마는 주문 직후 바로 튀기기 때문에 항상 뜨끈하고 바삭한 상태의 고구마튀김을 맛볼 수 있어요. 게다가 소금 간으로 짭조름함을 살짝 더해 고소하고 달콤한 고구마튀김을 물리지 않고 먹을 수 있습니다. 겉은 바삭하고 속은 포슬포슬해서 언제 먹어도 기분이 좋은, 대만 맥도날드의 고구마튀김은 단순한 패스트푸드가 아닌 대만만의 맛을 경험할 수 있는 기회랍니다.

아이스크림을 더하면

한마디 덧붙이자면, 아이스크림을 꼭 추가로 주문해 고구마튀김을 찍어 먹어 보세요. 또 하나의 새로운 디저트가 완성된답니다. 금방 튀겨낸 뜨거운 고구마튀김과 차갑고 부드러운 아이스크림이 어우러져 더욱 풍부한 맛을 느낄 수 있어요. 구황작물을 좋아하는 사람은 꼭 먹어 봐야 할 대만 맥도날드의 특별한 세트 메뉴죠.

송차이 툰

대만 맥도날드 한정 메뉴, 고구마튀김

대만 맥도날드에서 맛볼 수 있는 특별한 먹거리!

여행 갈 때마다 현지 맥도날드만은 꼭 가봐야 하는 사람 있나요?

감자튀김과는 비교 불가인 큼직 두툼한 고구마튀김

대만 맥도날드는 특이하게도 고구마튀김을 판매한답니다!

세트 메뉴 감자튀김을 고구마튀김으로 변경할 수 있음

딱 알맞게 튀겨져 겉은 바삭하고 속은 포슬포슬!

구황작물 러버라면 대만 여행 시 맥도날드는 필수!

아이스크림에 찍어 먹으면 반해서 대만에 눌러앉게 될지도..

Map

구글맵에 맥도날드(麥當勞 혹은 Mcdonald's)를 검색해 주세요.

Memo

고구마튀김을 받자마자 바로 먹어야 뜨끈하고 바삭해서 더 맛있어요. 아이스크림이랑 같이 먹기 잊지 마세요!

난이도
★

KFC 고구마볼

✗ **메뉴명**
쐉쓰어 쫜쫜 큐큐쵸
(雙色轉轉QQ球)

📍 **판매처**
KFC

💰 **가격**
한 봉지 50元

길거리 음식

현지 음식 문화를 느낄 수 있는 곳

세계적인 패스트푸드점은 현지 시장에 맞게 메뉴를 조금씩 바꾸며 그곳 사람들의 시선을 사로잡아야 합니다. 이러한 이유로 현지에 정착한 패스트푸드점은 각 나라의 음식 문화 차이를 쉽게 보여주는 곳 중 하나라고 생각해요. 그래서 해외여행을 갈 때마다 그 나라의 패스트푸드점을 꼭 방문해 보고는 합니다.

이거 정말 'QQ' 하네요!

KFC에서 발견한 쫄깃한 식감과 달콤한 고구마 필링이 특징인 고구마 볼. 대만에서만 판매되는 한정 메뉴랍니다. 대만에서는 '쫄깃하다'를 영문 알파벳 'Q'로 표현하는데요. 이는 대만어(민남어)로 '쫄깃하다'를 '키유 키유'라고 발음하는데서 착안해 만들어진 표현이라고 합니다(대만어와 중국어는 다릅니다. 대만어는 대만 현지 언어로 모든 이가 사용하는 언어는 아닙니다). 메뉴판이나 가게 간판에서 'Q'를 발견한다면 '이곳은 쫄깃한 무언가를 파는 곳이겠구나!'하고 유추해 볼 수 있지요.

고구마볼의 이름인 '雙色轉轉QQ球'에서도 알 수 있듯이 아주 쫄깃한 식감을 자랑하는 간식입니다. 겉은 찹쌀도넛 같고 속에는 고구마 필링이 들어 있어요. 따뜻할 때 먹으면 쫄깃함, 바삭함, 달콤함이 모두 두 배라 꼭 그 자리에서 바로 먹는 것을 추천합니다. 야시장 먹거리인 고구마볼과 비슷하지만, 야시장의 고구마볼은 속에 필링이 들어 있지 않고 오로지 쫀득쫀득 바삭한 식감으로만 먹는 간식이라 차이가 있습니다. 야시장 고구마볼의 업그레이드 버전이 바로, KFC 고구마볼이라고 말할 수 있겠네요.

송차이 툰

대만 KFC 쫀득 고구마볼

여행을 떠나면 꼭 현지 패스트푸드점을 가보곤 해요!

현지에만 있는
메뉴들을 찾아보고
먹어보는 것만큼
재밌는 게 없거든요

쫄깃함을 뜻하는
대만어의 발음이
Q와 비슷해

쫄깃한 식감을 표현할 때 Q를 씀

대만 KFC만의
특별 메뉴 고구마볼을
소개합니다

'雙色轉轉QQ球'
이름에서부터
느껴지는 쫄깃함

갓 구워 낸 피자의
고구마 크러스트만
왕창 먹는 느낌

받자마자 따뜻할 때
바로 먹어야 가장 쫄깃바삭!

겉은 찹쌀도넛처럼
쫄깃한 식감이고
속엔 달콤한
고구마 필링이 가득

Map

구글맵에 KFC를 검색해 주세요.

난이도
★

길거리 음식

사원 옌수지

✘ **메뉴명**
옌수지(鹽酥雞)

📍 **판매처**
사원 옌수지(師園鹽酥雞)

💰 **가격**
80~300元, 양에 따라 상이

대만식 모둠 튀김

옌수지 단어의 뜻은 옌鹽(소금), 수酥(바삭한), 지雞(닭)로 '짭짤하고 바삭한 닭튀김'이란 뜻이지만 다양한 재료를 튀겨 먹는 '모둠 튀김'을 가리킬 때도 사용하는 단어입니다. 옌수지 전문점에 들어가면 입구에 놓인 수많은 식재료와 계산대 주변에 있는 주문서가 가장 먼저 눈에 들어올 거예요. 주문서에 원하는 재료를 표시한 후 계산하면 선택한 재료를 그 자리에서 바로 튀겨주는 방식이랍니다. 가게 스타일에 따라 주문서 대신 바구니에 원하는 재료를 직접 골라 담기도 합니다. 옌수지의 매력은 한국에서는 볼 수 없었던 대만의 식재료들을 한 번에 맛보고 구경할 수 있다는 점이에요.

위생과 감성을 모두 잡은 옌수지 맛집

타이베이에는 다양한 옌수지 전문점이 있지만 그중에서도 가장 깔끔하면서 대만의 감성을 완벽하게 갖추고 있는 〈사원 옌수지〉를 추천하고 싶어요. 대만사범대학교 야시장에서 시작된 옌수지 가게인데 학생들에게 많은 사랑을 받게 되면서 유명세를 타게 되었고, 지금은 분점도 낸 인기 옌수지 가게가 되었답니다.

옌수지와 맥주 한잔으로 하루 마무리

원하는 재료들을 고르면 5~10분 내로 바로 튀겨져 나오는 나만의 옌수지, 튀김이니 당연히 그 자리에서 바로 먹는 게 가장 맛있어요. 튀김옷이 두껍지 않고 향신료 향도 거의 없는 편입니다. 만약 향신료를 원한다면 주문서에서 마늘 양과 맵기를 조절해 주세요. 여행을 끝내고 숙소로 돌아가기 전에 옌수지와 맥주 한잔을 즐기면, 대만에서의 하루를 완벽하게 마무리할 수 있어요. 호텔까지 포장해서 들고 가면 튀김이 눅눅하고 식으니, 가게에서 가장 따뜻할 때 시원한 맥주와 함께하세요.

▎송차이 툰

내 맘대로 골라 담는 옌수지

여러분의 대만 여행은 옌수지를 먹기 전과 후로 나뉠 것입니다

옌 수 지
鹹 酥 雞
짭짤 바삭 닭튀김

= 짭짤하고 바삭한 닭튀김

최애 옌수지 전문점을 소개할게요

사범대학교 야시장에서 시작된 옌수지 가게

다양한 재료를 튀겨 먹는 대만식 튀김을 통칭하기도!

주문서에 원하는 재료를 표시한 후 계산하면 바로 튀겨주심

[달걀 두부]

달걀로 만든 순두부 질감의 두부튀김!

[고구마튀김]

고구마가 맛있는 대만에서 꼭 먹어줘야 하는 고구마튀김

[베이비콘]

대만에서는 아주 흔한 식재료로 연한 옥수수 맛이 남

[닭 연골]

오독오독 씹히는 맛이 일품인 닭 연골

마늘 양과
맵기 정도도
조절할 수 있어요

이상으로 최고의 맥주 안주,
옌수지 소개였습니다!

바로 먹거나,
식기 전에
맥주와 함께
얼른 먹어주기

Map

사원 옌수지

사범대학교 본점(師園鹽酥雞 本店)

대만사범대학교 야시장 근처 가게입니다. 가게에서 맥주를 판매하지 않으나, 주변 마트와 편의점에서 맥주를 구매해 실내에서 마실 수 있어요. 병따개는 가게에 없으니 미리 챙겨야 하고, 맥주병은 가게에 버리지 말고 가게 밖에 버려주세요.

📍 No. 14, Lane 39, Shida Rd, Da'an District, Taipei City, 106

시먼점(師園鹽酥雞 西門店)

한국어 주문서가 있어 편리하고 매장 내에서 맥주를 구매할 수 있어요.

📍 No. 28, Chengdu Rd, Wanhua District, Taipei City, 108

Memo

주문서 하단을 보면 마늘 양大蒜과 맵기辣味를 선택하는 란이 있습니다. 너무 맵게 주문하면 짤 수 있으니 '조금 맵기小辣'와 '중간 맵기中辣' 중 하나로 선택하면 됩니다. 개인적으로 깔끔한 맛을 좋아해 '맵기 없음不辣'과 '마늘 추가 안 함不加大蒜'을 택하는 편이에요.

기본적으로 튀김은 바질과 함께 튀겨지는데요. 바질 향을 싫어하는 사람은 주문 시 "부야오 쥬청타不要九層塔, 바질 빼 주세요."라고 말하면 됩니다. 추천하는 튀김 재료를 아래에 정리했으니, 참고해 주세요!

호불호 없을 재료 모음

鹹酥雞 / 순살 치킨
魷魚 / 오징어(추천)
甜不辣 / 대만식 어묵(추천)
地瓜薯條 / 고구마튀김(추천)
中華雞蛋豆腐 / 달걀 두부(추천)

雞軟骨 / 닭 연골(추천)
玉米筍 / 베이비 콘(추천)
杏鮑菇 / 새송이버섯
四季豆 / 강낭콩 줄기(추천)
湯圓 / 탕위엔

도전 정신이 필요한 재료 모음

米血糕 / 대만식 순대(추천)
糯米腸 / 찹쌀 소시지(추천)

豆干 / 말린 두부
雞心 / 닭 심장

주문서 작성예시

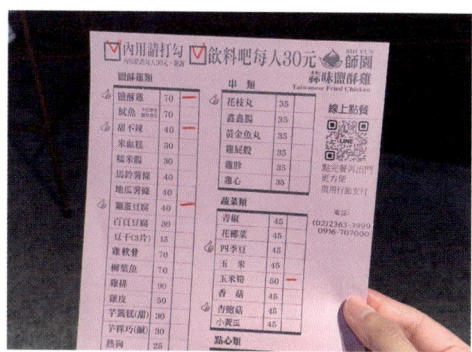

포장하는 법

매장에서 옌수지를 먹다 남았다면 가게 한편에 마련된 셀프 포장대에서 포장할 수 있습니다. 꼭 챙겨 가세요.

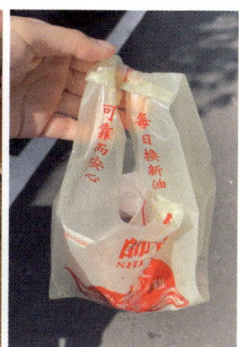

타이난 바이탕궈

✗ 메뉴명
바이탕궈(白糖粿)

📍 판매처
구자오웨이 안핑 샤오츠(古早味安平小吃), 린찌아 마오쯔 바이탕궈(林家茂子白糖粿)

💰 가격
구자오웨이 2개당 35元
린찌아 마오쯔 3개당 30元

드라마 <상견니> 속 간식

미식의 도시로 알려진 타이난은 한국에서도 유명한 드라마 <상견니>의 배경이 되었죠. 타이난에는 타이베이에서 쉽게 찾아볼 수 없는 옛날 길거리 간식 바이탕궈가 있습니다. 흰 떡을 뜨거운 기름에 넣어 겉만 바삭해질 정도로 튀긴 후 설탕 섞은 땅콩 가루를 묻혀 먹는 타이난 지역의 대표 음식입니다. 드라마 <상견니>에서 주인공이 바이탕궈를 먹는 장면이 나오면서 많은 관광객에게 알려지기 시작했어요.

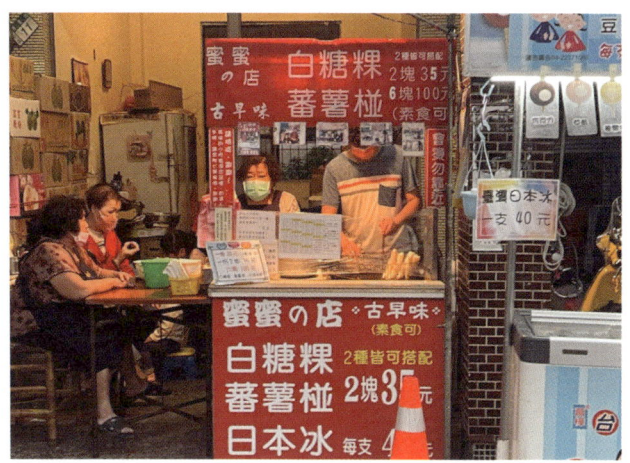

치즈와 인절미 그 사이

평범한 떡 튀김처럼 보이지만 떡의 뜨끈함과 쫄깃한 식감이 일품인 간식이에요. 그리고 겉에 묻은 달콤한 땅콩 가루와 설탕이 중간중간 씹히는 게 포인트랍니다. 가래떡보다는 인절미 같은 말랑함이 강조된 떡 튀김이라 떡이 치즈처럼 주욱 늘어나요. 타이베이에서 좀처럼 보기 힘들어 타이난에 갈 때마다 습관처럼 꼭 사 먹게 됩니다.

추천하는 타이난 바이탕궈 맛집은 두 곳인데요. 한 곳은 드라마 〈상견니〉에 나온 곳이고, 다른 한 곳은 현지인도 줄 서서 사 먹는 노점이에요. 먼저 드라마 〈상견니〉의 배경이 되었던 바이탕궈 가게는 포장지까지 드라마 속 모습과 완벽히 일치해 타이난을 찾는 외국인 관광객에게 유명합니다. 다른 노점은 바이탕궈를 사 먹기 위해 줄을 서서 기다리는 현지인들로 북적북적한 곳이에요. 두 곳 모두 바이탕궈의 매력을 충분히 느낄 수 있는 곳이니, 시간적으로 여유가 된다면 모두 방문해 맛을 비교해 보아도 좋을 것 같아요.

송차이 툰

가장 완벽한 떡 튀김, 바이탕궈
타이난에 가게 된다면 꼭 먹어야 할 간식

미식의 도시,
타이난을 대표하는
길거리 간식 바이탕궈

겉은 평범한 흰 꽈배기 모양이지만

한입 베어 물면
치즈처럼 주욱
늘어날 정도로
말랑말랑해요

떡을 튀긴 후
땅콩 가루와 설탕을
묻힌 옛날 간식!

타이베이에선
찾기 힘든
간식이라
더 특별함!

씹을수록
진하게 느껴지는
떡의 고소함과

땅콩 설탕 가루의
달콤함까지
완벽한 간식

돌아서면 자꾸만 생각나는
무서운 매력의 바이탕궈

Map

구자오웨이 안핑 샤오츠(古早味安平小吃)
대만 드라마 <상견니> 배경지입니다.

📍 No. 11, GuBao St, Anping District, Tainan City, 708

린찌아 마오쯔 바이탕궈(林家茂子白糖粿)

📍 No. 213-2, You'ai St, West Central District, Tainan City, 700

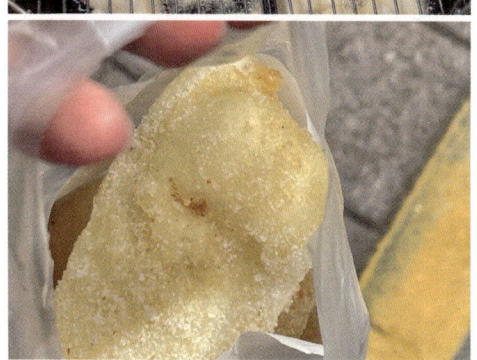

타이난 판슈펑

✕ **메뉴명**
판슈펑(蕃薯椪)

📍 **판매처**
린찌아 마오쯔 바이탕궈
(林家茂子白糖粿)

💰 **가격**
3개당 30元

타이난만의 길거리 간식

타이베이에서 찾아보기 정말 힘든, 타이난에서 꼭 먹고 와야 할 길거리 간식은 판슈펑입니다. 무슨 설명이 필요할지, 꿀고구마와 달콤한 시럽으로 속을 채우고 기름에 바삭하게 튀긴 음식인 걸요. 판슈펑은 타이난에 갈 때마다 꼭 사 먹었던 타이난식 고구마볼이에요. 대만의 야시장 음식으로 잘 알려진 띠과쵸와 아주 비슷하게 생겼지만, 띠과쵸랑은 비교가 불가능한 맛이랍니다. 뜨겁고 바삭한 튀김을 베어 물면 그 사이로 흘러나오는 꿀고구마 필링과 달콤한 시럽이 포인트예요.

대만에 눌러앉고 싶은 맛

대만의 고구마는 다른 고구마들과 달리 꿀이 가득하기로 유명한데요. 그러한 대만의 고구마로 만든 판슈펑이야말로 고구마로 만들 수 있는 가장 맛있는 디저트가 아닌가 싶습니다. 한입 먹는 순간 대만에 눌러앉게 되는 맛이에요. 어쩌다 보니 항상 더울 때 타이난을 가곤 했는데요. 땀이 삐질 흐르는 더운 여름에도 후후 불어가며 먹었던 길거리 간식입니다. 이 맛을 사람들에게 널리 알리고 싶어요.

〈린찌아 마오쯔 바이탕궈〉는 판슈펑, 바이탕궈, 타로 튀김 이렇게 세 가지 종류의 튀김을 파는데요. 종류 제한 없이 3개당 30元(한화 약 1,300원)이라 원하는 종류의 튀김을 취향대로 골라서 구매하면 됩니다. 개인적으로 이 가게의 판슈펑이 타이난에서 가장 맛있다고 생각해서 판슈펑을 주로 사서 먹었네요.

송차이 툰

타이난에서 맛본 달콤함, 판슈펑
타이난에서만 구할 수 있는 달콤한 고구마 간식

꿀고구마 필링과
고구마 시럽을
가득 넣은 다음

기름에 튀겨낸
판슈펑

대만 고구마는 달콤하고 쫀득하기로 유명한데

판슈펑도
한입 베어 물면
흘러나오는

타이난에서만
맛볼 수 있는
특별한 간식이죠

고구마 내음 가득한
쫀득한 필링과

달콤한 시럽이
정말 예술

타이난 갈 때마다
다른 건 몰라도
판슈펑은 꼭 먹고
온답니다

타이난 여행을 계획 중이라면
판슈펑 만큼은 꼭 맛보시길!

사장님께
비법을 물어서
한국으로 들여오고
싶을 정도..

Map

린찌아 마오쯔 바이탕궈(林家茂子白糖粿)

📍 No. 213-2, You'ai St, West Central District, Tainan City, 700

4
음료·빙수·과일

대만에서의 한잔, 한 모금이 오랜 기억으로 남을 수 있도록 평범함은 덜어내고 특별함을 추가해 보았습니다. 흔한 대만 음료는 뒤로하고 아직 사람들에게 잘 알려지지 않은 대만의 숨은 맛을 우리 함께 찾아보아요!

스타벅스 호지차라테

✘ **메뉴명**
푸지챠나티(福吉茶那提)

📍 **판매처**
스타벅스(星巴克)

💰 **가격**
톨 130元, 그란데 145元, 귀리 우유 기준

스타벅스 대만 한정 음료, 호지차라테

SNS에 소개한 대만 음료 중에서 가장 많은 사람이 좋아한 스타벅스의 호지차라테입니다. 한국에는 없는 메뉴라 더 특별하게 느껴지는 것 같아요. 호지차는 녹차와 같은 찻잎으로 만들지만, 녹차와는 다르게 한 번 더 강하게 볶아 살짝 태워 만든 차예요. 그래서 기존 녹차보다 더욱 쌉쌀하면서도 고소한 맛이 강하게 느껴집니다.

처음 대만에 도착해 지낼 곳을 알아보면서 여기저기 다닐 때, 친구도 없는 낯선 환경이 외로울 때마다 혼자 스타벅스에서 몇 시간이고 앉아있

었어요. 한국 스타벅스랑 분위기가 비슷해 뭔가 마음의 안정을 주는 곳이었습니다.

그때 처음 마시게 된 호지차라테인데요. 언어가 조금씩 늘면서 호지차라테에 들어가는 우유를 귀리 우유로 바꿔 마셔 보았어요. 호지차의 쌉쌀함과 귀리 우유의 고소함이 만나니 새로운 매력의 맛이 탄생하더라고요. 호지차라테는 단맛이 거의 없고 쌉싸름한 맛으로 승부를 보는 친구라 어른 입맛을 완전히 저격해 버린 메뉴였답니다. 대만에 적응할 수 있도록 도와준 음료 중 하나였다고 생각되는 아끼는 메뉴예요. 다음 장에 주문 방법을 정리해 두었으니 취향에 맞게 주문해 보세요.

대만 스타벅스만의 음료 스트랩

대만 사람들은 음료를 '티따이提袋' 혹은 '뻬이따이杯袋'라고 불리는 스트랩에 넣어 들고 다니는데요. 스타벅스에 이를 요청하면 대만 스타벅스만의 일회용 스트랩을 준답니다. 대만 스타벅스에만 있는 특별한 친구이니 음료 포장 주문 시 직원에게 요청해 보세요.

송차이 툰

스타벅스 호지차라테

요즘 빠져버린 대만 스타벅스의 아이스 호지차라테

한국에도 있는 스벅만은 가지 말자고 다짐했지만

귀리 우유로 변경하면 향이 더 진해지면서 부드러워져요

호지차라테 때문에 매일 스벅 출석하는 중

호지차가 가진 쌉쌀함이 귀리 우유와 잘 어울려요

〈주문 방법〉

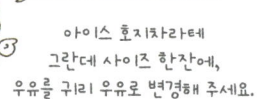

我要一杯大冰福吉茶那提, 把牛奶換成燕麥奶。

아이스 호지차라테 그란데 사이즈 한잔에, 우유를 귀리 우유로 변경해 주세요.

Map

구글맵에 스타벅스(星巴克 혹은 Starbucks)를 검색해 주세요.

Memo

주문 방법

귀리 우유로 변경

我要一杯 中/大 冰福吉茶那提, 把牛奶換成燕麥奶。

워야오 이뻬이 쭝/따 삥푸지챠나티, 바 뇨나이 환청 옌마이나이.

: 아이스 호지차라테 톨/그란데 사이즈 한잔에, 우유를 귀리 우유로 변경해 주세요.

얼음량 조절

少冰補滿。

샤오삥 뿌만.

: 얼음은 조금, 나머지는 음료로 채워주세요.

음료 스트랩 요청

可以給我綠色提袋嗎?

커이 게이워 뤼써 티따이마?

: 녹색 음료 스트랩을 주실 수 있으세요?

레몬 요구르트

✕ **메뉴명**
닝멍 양러뚜어(檸檬養樂多)

📍 **판매처**
우스란, 청심복전, 코코

💰 **가격**
40~70元, 점포마다 상이

새콤달콤의 정석

너무나도 길고 더웠던 대만의 여름을 이겨낼 수 있도록 도와준, 한 줄기 빛과 같았던 레몬 요구르트. 이름 그대로 레몬즙과 요구르트를 넣어 만든 음료인데요. 상큼하면서도 달콤한 대만의 대표적인 음료 중 하나라 꼭 소개하고 싶었어요. 레몬과 요구르트 두 가지 모두 우리에게 익숙한 맛이지만, 한국에서는 레몬 맛 요구르트를 본 적이 없는 것 같아요. 새콤한 레몬과 달콤한 요구르트가 만나면 아주 완벽하고 청량한 음료를 만

들어낸답니다. 쫄깃하고 아삭한 식감을 좋아한다면 레몬 요구르트에 알로에 펄蘆薈을 추가해 보세요. 알로에 펄의 식감이 음료 퀄리티를 한층 더 높여줍니다.

뚜어뚜어多多는 요구르트

대만에서는 요구르트를 '양러뚜어養樂多' 혹은 뒷글자만 따서 '뚜어뚜어多多'라고 해요. 꼭 레몬 요구르트가 아니어도 음료 메뉴판에 '뚜어多'라는 글자가 보인다면 달달한 요구르트가 들어간 메뉴이니 맛이 없을 수가 없어요. 도전해 보길 바랍니다. 가게마다 메뉴 이름은 다르지만 닝멍 양러뚜어로 주문하면 대부분 알아듣습니다. 레몬 요구르트는 레몬즙이 주재료기 때문에 당도를 너무 낮게 주문하면 신맛이 강해져요. 당도는 50% 이상으로 주문하는 걸 추천드립니다.

송차이 툰

새콤달콤, 레몬 요구르트
대만에 살면서 일주일에 한 번은 마셨던 최애 음료

최애 음료,
레몬 요구르트를
소개해드릴게요

닝 멍　　양 러 뚜어
檸檬　養樂多
레몬　　요구르트

여름 날씨에
잘 어울리는
새콤달콤한 음료!

음료 이름에
多가 있다면
요구르트 베이스 음료

〈주문 방법〉

我要一杯大檸檬養樂多,
半糖正常冰。

레몬 요구르트
라지 사이즈 한잔에,
당도 50% 얼음 100%로 주세요

Map

구글맵에서 우스란(50嵐 혹은 50lan), 청심복전(清心福全)을 검색해 주세요.

Memo

주문 방법

기본 주문

我要一杯大檸檬養樂多, 半糖正常冰。

워야오 이뻬이 따 닝멍 양러뚜어, 빤탕 쩡챵삥.

: 레몬 요구르트 라지 사이즈 한 잔에, 당도 50% 얼음 100%로 주세요.

알로에 펄 추가

請幫我加蘆薈。

칭빵워 찌아 루후이

: 알로에 펄을 추가해 주세요.

레몬네이드 맛

我要一杯大檸檬養樂多, 4分糖微冰。

워야오 이뻬이 따 닝멍 양러뚜어, 쓰펀탕 웨이삥.

: 레몬 요구르트 라지 사이즈 한 잔에, 당도 40% 얼음 25%로 주세요.

커부커
홍차 요구르트

✗ 메뉴명
옌즈 뚜어뚜어(胭脂多多)

📍 판매처
커부커(可不可)

💰 가격
미디엄 50元, 라지 60元

차와 요구르트의 신박한 만남

대만에 살면서 신기했던 것 중 하나는 음료의 종류가 아주 많다는 것이었고, 또 다른 하나는 차茶에 요구르트를 섞어 마시는 걸 좋아한다는 것이었어요. 한국에서는 잘 찾아볼 수 없는 조합이지만 조금만 더 생각해 보면 쌉쌀한 차에 달콤한 요구르트가 더해졌을 때 맛이 없을 수 없다는 사실을 바로 알아 차릴 수 있지요.

커부커의 야심작, 홍차 요구르트

이번에 소개하는 음료는 잘 숙성된 홍차에 요구르트를 넣은 홍차 요구르트예요. 홍차 음료 전문 프랜차이즈인 커부커에서 판매하는 음료로 은은한 홍차와, 달콤한 요구르트의 맛과 향이 매력적인 친구입니다. 쌉싸름한 홍차에 요구르트 단맛을 더해 마치 복숭아 맛 요구르트를 마시는 느낌이 들기도 해요. 묵직한 음료보다는 갈증을 해소할 수 있는 산뜻한 음료를 찾고 있다면 홍차 요구르트를 추천해 드려요. 특히나 아주 덥고 습해 열 발자국만 걸어도 땀이 주르륵 흘러내리는 대만의 여름과 아주 잘 어울리는 음료랍니다.

■ 송차이 툰

커부커(可不可) 홍차 요구르트

호불호 없이 누구나 좋아할 만한 대만 음료, 홍차 요구르트!

대만 사람들은
다양한 음료에
요구르트를 섞어
마시는 걸 좋아해요

커부커(可不可)에서 구매 가능하고

은은하고 달콤해
목마름을 한 번에
해소시켜 주는 음료!

그중 가장
호불호 없는
홍차 요구르트를
소개할게요

복숭아 맛
요구르트를
마시는 느낌!

〈주문 방법〉

我要一杯中冰胭脂多多,
微糖微冰。

아이스 홍차 요구르트
미디엄 사이즈 한잔에,
당도 25% 얼음 25%로 주세요.

Map

구글맵에 커부커(可不可 혹은 Kebuke)를 검색해 주세요.

커부커

타이베이메인역점(可不可熟成紅茶 台北站前店)

📍 No. 34, Nanyang St, Zhongzheng District, Taipei City, 10047

중산난시점(可不可熟成紅茶 中山南西店)

📍 10491, Taipei City, Zhongshan District, Lane 140, Section 1, Zhongshan N Rd, 13號1樓

Memo

주문 방법

미디엄 사이즈 주문

我要一杯中冰胭脂多多, 微糖微冰。

워야오 이뻬이 쭝 뻥엔즈 뚜어뚜어, 웨이탕 웨이삥.

: 아이스 홍차 요구르트 미디엄 사이즈 한잔에, 당도 25% 얼음 25%로 주세요.

라지 사이즈 주문

我要一杯大冰胭脂多多, 微糖微冰。

워야오 이뻬이 따 뻥엔즈 뚜어뚜어, 웨이탕 웨이삥.

: 아이스 홍차 요구르트 라지 사이즈 한잔에, 당도 25% 얼음 25%로 주세요.

우스란
아이스크림 홍차

✘ 메뉴명
삥치린 홍차(冰淇淋紅茶)

📍 판매처
우스란(50嵐)

💰 가격
미디엄 45元, 라지 55元

입안에서 사르르 녹는 아이스크림 홍차

　삥치린 홍차는 대만 친구들의 사랑을 독차지하는 음료예요. 앞 글자 '삥치린冰淇淋'은 아이스크림을 의미해 말 그대로 아이스크림과 홍차를 섞은 음료지요. 한국에도 참 다양한 음료들이 많지만 홍차 속에 아이스크림을 넣은 음료는 아직까지도 보지 못한 것 같아요. 어떻게 보면 아주 단순한 조합이지만 한국에서는 볼 수 없는 색다른 아이디어가 돋보이는 음료랍니다.

대만식 아포가토

아이스크림 홍차가 유명한 곳은 우스란이에요. 아이스크림 한 덩이를 컵에 넣고 그 위로 홍차를 가득 부은 다음 위아래로 살살 흔들어 섞어 준답니다. 아이스크림 위에 에스프레소를 부어 먹는 아포가토와 비슷하지 않나요? 그래서 한국 친구들에게 소개할 때는 대만식 아포가토라고 말한답니다. 이 음료의 매력은 시간이 지나면서 맛이 변한다는 점인데요. 아이스크림이 녹기 전에는 홍차 맛이 좀 더 진하고, 아이스크림이 녹으면서 고소한 밀크티 맛으로 변합니다. 홍차와 밀크티를 동시에 즐길 수 있는 음료라고 할 수 있지요.

아이스크림이 가장 아래에 깔리기 때문에 처음에는 빨대를 살짝 위로 올려서 홍차 맛을 충분히 즐긴 후 아래에 깔린 아이스크림을 휘적휘적 저어주면 아이스크림과 홍차가 완벽하게 섞이면서 밀크티 맛으로 변한답니다. 굵은 빨대로 호로록 마시다 보면 가끔씩 아이스크림이 덩어리째로 입안에 들어오는데 그게 또 별미인 거 아시죠?

아이스크림 홍차는 깔끔하게 넘어가는 달콤함이 강점이자 매력입니다. 그래서 평소 밀크티를 싫어하는 사람도 이 음료를 마셔 보았으면 좋겠어요. 반대로 밀크티를 원래 좋아하는 사람에게는 새로운 유형의 밀크티 맛이니 색다른 경험을 해볼 수 있을 거예요.

송차이 툰

대만의 아포가토, 아이스크림 홍차
머리털 나고 대만에서 처음으로 아이스크림 홍차 마셔본 후기

신박한 대만의 음료, 아이스크림 홍차를 가져왔어요!

아이스크림 홍차로 유명한 우스란(50嵐)

빙 치 린   홍 차
冰淇淋 紅茶
아이스크림   홍차

아이스크림 위로 홍차를 가득 부어 함께 마시는 대만식 아포가토!

홍차 맛에서 시간이 지나면 밀크티 맛으로 바뀌어요

〈주문 방법〉

我要一杯中冰淇淋紅茶, 半糖微冰。

아이스크림 홍차 미디엄 사이즈 한잔에, 당도 50% 얼음 25%로 주세요.

달콤함과 쌉쌀함을 동시에 즐길 수 있음!

Map

구글맵에 우스란(50嵐 혹은 50lan)을 검색해 주세요.

Memo

주문 방법

미디엄 사이즈 주문

我要一杯中冰淇淋紅茶，半糖微冰。

워야오 이뻬이 쭝 삥치린 홍차, 빤탕 웨이삥.

: 아이스크림 홍차 미디엄 사이즈 한잔에, 당도 50% 얼음 25%로 주세요.

라지 사이즈 주문

我要一杯大冰淇淋紅茶，半糖微冰。

워야오 이뻬이 따 삥치린 홍차, 빤탕 웨이삥.

: 아이스크림 홍차 라지 사이즈 한잔에, 당도 50% 얼음 25%로 주세요.

우스란
홍차마키아토

🍴 **메뉴명**
홍차마치뚜어(紅茶瑪奇朵)

📍 **판매처**
우스란(50嵐)

💰 **가격**
미디엄 45元, 라지 55元

홍차로 만든 마키아토

대만 유학 생활 중 같이 어학당을 다니던 미국인 친구가 좋아한 음료, 우스란의 홍차마키아토입니다. 처음에는 무슨 이런 음료가 있나 싶었지만, 한번 마셔 보고 완전히 빠져들어 한동안 수업 시작 전에 친구와 함께 홍차마키아토를 사러 우스란으로 뛰어갔던 기억이 있습니다. 홍차마키아토는 컵에 홍차를 반 정도 부은 후 그 위로 우스란만의 비법이 담긴 우유 크림을 가득 부어 완성됩니다. 우스란의 우유 크림은 정말 달콤하면

서도 부드럽고 고소해요. 우유 크림의 밀도가 높고 쫀쫀해 많은 사람에게 사랑받고 있답니다.

쫀쫀함과 부드러움이 한잔에 가득

우유 크림은 시간이 지나면서 홍차와 서서히 섞이고 홍차의 맛을 더욱 풍성하게 만들어 주는데요. 이것이 홍차마키아토가 일반 밀크티보다 더욱 크리미하고 고소한 이유랍니다. 홍차마키아토의 매력은 하나의 음료로 여러 가지 맛을 느낄 수 있다는 것입니다. 먼저 음료가 섞이기 전에는 윗부분에 올라간 우유 크림만 마시면서 우유 크림의 맛과 질감에 집중해 주세요. 쫀쫀하고 달콤하면서 어딘가 살짝 짭짤한 크림이 입안을 부드럽게 맴돌 거예요. 그 후에 빨대로 조금씩 저어주면 우유 크림이 홍차와 완전히 섞여 밀크티 색깔로 변하게 됩니다. 우유 크림 덕분에 더욱 부드러운 밀크티가 된답니다.

우유 맛이나 크리미한 맛을 좋아한다면 우스란의 홍차마키아토를 마셔 보세요. 우유 크림, 홍차, 밀크티까지 다양한 맛을 한 번에 즐길 수 있는 재미있는 음료랍니다.

송차이 툰

우스란 홍차마키아토

여러분, 홍차마키아토가 뭐게요?

쌉싸름한 홍차 위에 고소한 우유 크림을 올린 음료랍니다!

홍차 위에 쫀쫀하고 달콤한 우유 크림이 음료의 포인트!

음료 프랜차이즈 우스란(50嵐)에서 판매하는 메뉴로

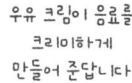

우유 크림이 음료를 크리미하게 만들어 준답니다

처음엔 섞지 않고 쫀쫀 달달한 우유 크림을 단독으로 마셔주고

완전히 섞어준 후 부드럽고 달달한 밀크티로 즐겨주기!

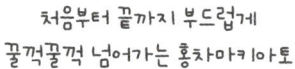

처음부터 끝까지 부드럽게 꿀꺽꿀꺽 넘어가는 홍차마키아토

Map

구글맵에 우스란(50嵐 혹은 50lan)을 검색해 주세요.

Memo

주문 방법

미디엄 사이즈 주문

我要一杯中紅茶瑪奇朵，微糖微冰。

워야오 이뻬이 쭝 홍챠마치뚜어, 웨이탕 웨이삥.

: 홍차마키아토 미디엄 사이즈 한잔에, 당도 25% 얼음 25%요.

라지 사이즈 주문

我要一杯大紅茶瑪奇朵，微糖微冰。

워야오 이뻬이 따 홍챠마치뚜어, 웨이탕 웨이삥.

: 홍차마키아토 라지 사이즈 한잔에, 당도 25% 얼음 25%요.

더정
다크 우롱 버블티

✗ **메뉴명**
뻬이우롱나이차 찌아 쩐쭈
(焙烏龍奶茶 加珍珠)

📍 **판매처**
더정(得正)

💰 **가격**
미디엄 50元, 라지 55元

우롱차 음료 가게, 더정

타이중이라는 대만의 중부 지방에서 시작되어 이제는 전국에 분점을 낼 정도로 많은 사람에게 사랑받는 신상 음료 체인점 더정. 더정은 우롱차를 기본으로 한 음료가 대부분이며, 로스팅 정도에 따라 다시 세 가지로 나누어 저마다 취향에 맞는 음료를 찾을 수 있도록 한 게 특징입니다. 타이베이에 입점되었을 당시 대기 줄이 엄청났다고 해요.

더정에서 맛볼 수 있는 우롱차의 종류는 춘우롱春烏龍, 칭우롱輕烏龍, 뻬이우롱焙烏龍 이렇게 세 가지인데요. 가장 로스팅 정도가 약한 춘우롱은 겨울에 재배해 찬바람을 맞으며 숙성된 찻잎으로 만든 우롱차이며, 부드럽고 은은한 차향이 특징이라 우롱차 초보자에게 추천합니다. 칭우롱은 우롱 찻잎을 가볍게 로스팅해 조금 더 짙고 깔끔한 차의 풍미를 느낄 수 있습니다. 마지막으로 뻬이우롱은 가장 오랜 시간 동안 로스팅해 진하고 강한 맛과 향을 느낄 수 있어요. 로스팅 시간이 긴 찻잎일수록 음료의 색깔이 진하고 어두워지는 걸 알 수 있습니다.

특별함을 더한 다크 우롱 버블티

버블티의 나라 대만은 어떤 음료점을 가서 버블티를 시켜도 실패는 없을 거예요. 버블티의 퀄리티가 상향평준화 되어 있거든요. 대전의 빵집들이 성심당보다 맛있지 못하면 망하기 때문에 전체적으로 빵의 퀄리티가 상향평준화 된 것처럼 말이지요. 홍차와 우유를 섞은 음료에 타피오카 펄을 추가해서 만든 버블티보다 우롱차 베이스 밀크티에 타피오카 펄을 추가한 더정만의 버블티를 추천하고 싶어요.

개인적으로 더정의 세 가지 우롱차 중에서 진하고 구수한 뻬이우롱을 가장 좋아하는데요. 여기에 타피오카 펄을 추가하면 완벽한 다크 우롱 버블티가 탄생한답니다. 고소하면서도 코끝으로 확 퍼지는 우롱차의 짙은 향기에 멈출 수가 없어 계속 마시게 됩니다. 한국은 물론 대만의 다른 음료 가게에서도 마실 수 없는 더정만의 메뉴이니 꼭 한번 도전해 보기 바랍니다.

송차이 툰

짙은 향의 매력, 다크 우롱 버블티

대만 음료 추천에서 버블티가 빠질 수 없죠

하지만 평범한
홍차 + 우유 베이스의
버블티가 아닌

이곳은 더정이라는
음료 체인점으로

타이중에서 시작된
우롱차 전문 음료 가게!

다크 로스팅한
우롱차 베이스
버블티를
소개해드립니다

대만에서 아주 핫한
음료 전문점이죠

더정의 우롱차는 세 가지 종류로 나뉜답니다

춘우롱
(春烏龍)

칭우롱
(輕烏龍)

뻬이우롱
(焙烏龍)

잎의 색이
어두워질 때까지
볶은 찻잎으로
만든 밀크티!!

깊은 맛이 특징인
뻬이우롱 버블티를
추천하고 싶어요

타피오카 펄을
추가해 주면
다크 우롱 버블티
완성!

Map

구글맵에 더정(得正)을 검색해 주세요.

Memo

주문 방법

미디엄 사이즈 주문

我要一杯中焙烏龍奶茶加珍珠, 微糖微冰。

워야오 이뻬이 쭝 뻬이우롱 나이챠 쨔아 쪈쭈, 웨이탕 웨이삥.

: 볶은 우롱 밀크티 미디엄 한잔에 타피오카 펄 추가하고, 당도 30% 얼음 25%로 주세요.

라지 사이즈 주문

我要一杯大焙烏龍奶茶加珍珠, 微糖微冰。

워야오 이뻬이 따 뻬이우롱 나이챠 쨔아 쪈쭈, 웨이탕 웨이삥.

: 볶은 우롱 밀크티 라지 한잔에 타피오카 펄 추가하고, 당도 30% 얼음 25%로 주세요.

더정
레몬 우롱차

난이도 ★

🍴 **메뉴명**
닝멍 춘우롱(檸檬春烏龍)

📍 **판매처**
더정(得正)

💰 **가격**
미디엄 45元, 라지 55元

음료 · 빙수 · 과일

우롱차에 진심인 더정

지나갈 때마다 보면 사람들이 항상 줄을 서 있는 대만의 음료 프랜차이즈 더정. 2020년에 생긴 따끈따끈한 신상 음료 체인점이에요. 관광객보다는 대만 현지인에게 아주 폭발적인 사랑을 받고 있답니다. 더정의 주력 메뉴는 우롱차烏龍茶가 들어간 음료들인데요. 그중에서도 가장 호불호 없이 모두가 좋아할 만한 레몬 우롱차를 소개하겠습니다.

구수함과 청량감이 동시에!

더정 매장에 처음 방문했을 때 직원에게 당도 추천을 받았는데 당도 30%를 추천해 주었어요. 레몬이 들어간 음료는 대부분 30~50%의 당도를 선택하는 게 가장 맛있답니다. 우롱차와 레몬의 조합은 어떤 맛일지 상상하며 음료 만드는 과정을 구경하는데, 배달 기사가 가게 안으로 들어와 음료 30잔을 가방에 차곡차곡 쌓아 가는 거 있죠? 역시 요즘 대만 사람들 사이에서 가장 핫한 음료 가게가 맞네요.

완성한 레몬 우롱차를 한 모금 쭉 마셔봤는데 정말 이제껏 대만에서 먹어본 우롱차 중 향이 가장 짙었어요. 왜 우롱차를 주력 메뉴로 내세웠는지 바로 납득이 되었답니다. 마시는 내내 우롱차의 짙은 구수함이 코끝까지 확 풍기더라고요. 보리차처럼 구수하고 쌉싸래한 맛이 매력인 우롱차에 레몬의 상큼함이 더해져 청량감이 확 살아나는 맛이었습니다. 깔끔하게 딱 떨어지는 맛을 좋아하는 사람에게 정말 잘 맞는 음료라고 생각해요. 우롱차의 구수함과 레몬의 청량감을 동시에 느낄 수 있는 레몬 우롱차를 추천합니다.

▌송차이 툰

상큼한데 구수해, 레몬 우롱차
더정에서는 꼭 우롱차가 들어간 음료를 마셔 보세요

대만에서 아주 핫한
우롱차 전문 음료 가게,

더정(得正)

음료를 기다리던 중
배달 기사가
음료 30잔 픽업하심
인기 진짜 많네요..

우롱차(烏龍茶)가
주력 메뉴예요
레몬 + 우롱차 조합 도전

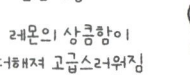

향긋하고
진한 우롱차에

레몬의 상큼함이
더해져 고급스러워짐

우롱차의 구수함이
코끝까지 느껴지고
레몬이 더해져
청량감이 확 살아남

당도 30%가
달콤함과 상큼함을
동시에 느낄 수 있는
가장 적당한 당도

216

Map

구글맵에 더정(得正)을 검색해 주세요.

Memo

더정은 우롱차의 품질이 좋기로 유명한 음료 프랜차이즈이니 우롱烏龍 단어가 들어간 음료에 도전하면 높은 확률로 성공할 수 있을 거예요!

미디엄 사이즈 주문	라지 사이즈 주문
我要一杯中檸檬春烏龍，微糖微冰。	我要一杯大檸檬春烏龍，微糖微冰。
워야오 이뻬이 쭝 닝멍 춘우롱, 웨이탕 샤오삥.	워야오 이뻬이 따 닝멍 춘우롱, 웨이탕 샤오삥.
: 레몬 우롱차 미디엄 한잔에, 당도 30% 얼음 25%로 주세요.	: 레몬 우롱차 라지 한잔에, 당도 30% 얼음 25%로 주세요.

파파 얼그레이 요거트 스무디

✕ **메뉴명**
뽀쮀챠 요거(伯爵茶優格)

📍 **판매처**
파파(發發)

💰 **가격**
한잔 90元

신상 음료 프랜차이즈, 파파

 대만은 우리나라와 비교도 안 될 만큼 다양한 음료 프랜차이즈가 있고 그 역사도 깊어요. 우스란, 코코, 커부커, 청심복전 등 유명한 음료 가게들은 최소 10년, 길게는 30년의 역사가 있는 가게들이랍니다. 하지만 파파는 2021년에 생겨난 따끈한 신상 음료 프랜차이즈예요. 이번에 소개할 음료가 바로, 파파의 얼그레이 요거트 스무디입니다.

 대만의 음료점들은 각자 주력 메뉴나 차별화된 요소를 가지고 있어요. 신선한 우유로 음료를 제조하거나, 품질이 좋은 홍차를 사용하거나, 다른 브랜드에는 없는 특별한 토핑을 추가할 수 있거나 등 여러 요소가 있습니다. 파파도 자기만의 강점을 가지고 있는데요.

 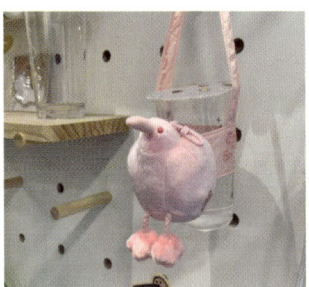

　다른 음료 지점에서는 쉽게 찾아볼 수 없는 요거트 음료를 주력으로 판매한다는 점입니다. 그중에서도 한국에서는 흔히 볼 수 없는 독특한 조합이 있는데 요거트와 차가 어우러져 탄생한 얼그레이 요거트 스무디입니다. 한국의 요거트 음료는 대부분 블루베리, 딸기 등 과일과 조합하는 게 일반적인데, 역시 차茶로 유명한 대만다운 발상이 돋보이는 메뉴입니다.

이제서야 알게 된 얼그레이의 맛
　얼그레이와 파파의 비법 요거트가 만나 향긋함과 고소함이 배가되었어요. 얼그레이에서도 이런 맛을 느낄 수 있구나 싶었던 음료였습니다. 얼그레이 입문자들이 첫 얼그레이 음료로 도전해 보면 너무 좋을 것 같아요. 지금도 얼그레이 요거트 스무디를 마시면서 글을 쓰는 중인데 한국으로 돌아간다면 그리워질 음료 중 하나라는 생각이 드네요.

▌송차이 툰

파파 얼그레이 요거트 스무디
대만에서만 맛볼 수 있는 특별한 음료

짧게는 10년, 길게는 30년이 넘는 역사를 가진 대만의 음료점들!

파파는 요거트 음료가 주력인 곳으로

요거트 음료 중 최애는 얼그레이 요거트 스무디
(伯爵茶優格)

하지만 이번에 소개할 파파는 2021년에 생겨난 신상 음료점!

향긋한 얼그레이와 달콤 고소한 요거트가 만나 만들어 내는 맛..

과일 + 요거트 조합은 많이 봤어도 차 + 요거트 조합은 처음이지 않나요?

〈주문 방법〉

我要一杯伯爵茶優格。

얼그레이 요거트 스무디 한잔 주세요.

차로 유명한 나라 대만이기에 가능한 아주 특별한 메뉴!

Map

구글맵에 파파(發發)를 검색해 주세요.

파파

공관 목장(發發 公館牧場)

📍 No. 164, Section 3, Tingzhou Rd, Zhongzheng District, Taipei City, 100

이통 목장(發發 伊通牧場)

📍 No. 75, Yitong St, Zhongshan District, Taipei City, 10491

단수이 목장(發發 淡水牧場)

📍 No. 8-2, Yingzhuan Rd, Tamsui District, New Taipei City, 251

Memo

주문 방법

음료 주문

我要一杯伯爵茶優格。

워야오 이뻬이 뽀쮀챠요거.
: 얼그레이 요거트 스무디 한잔 주세요.

난이도
★

파파 파인애플 패션후르츠 요거트 스무디

✕ **메뉴명**
펑리 바이쌍 요거(鳳梨百香優格)

📍 **판매처**
파파(發發)

💰 **가격**
한잔 85元

음료 · 빙수 · 과일

톡톡 터지는 과일 요거트 음료

요거트 음료 전문점 파파의 추천 메뉴, 대만을 가득 느낄 수 있는 파인애플 패션후르츠 요거트 스무디를 소개합니다. 대만의 음료점은 다른 음료점과 경쟁하기 위해서 각자 해당 브랜드만의 주력 메뉴를 가지고 있습니다. 파파는 요거트가 주력인 음료 전문점인데요. 그중에서도 이번에 소개하고자 하는 음료는 파인애플 과육과 패션후르츠 씨앗이 그대로 씹

히는 과일 요거트 스무디입니다. 열대 과일 맛집인 대만에서 맛보는 열대 과일 요거트 음료라니 실패 없는 조합이죠.

역시 대만 사람들은 음료 천재

걸쭉한 요거트와 함께 입안으로 들어오는 열대 과일의 새콤달콤함이 텐션을 확 끌어올려 준답니다. 패션후르츠 씨앗이 그대로 들어있어 오독오독 씹히고요. 파인애플 과육도 그대로 느껴져 생과일주스와 요거트를 같이 마시는 느낌이에요. 파파의 요거트는 산미보다 고소한 맛이 강해 과일의 단맛을 더욱 잘 느끼게 해 준답니다. 대만 과일 중에서도 맛있는 과일만 골라서 만든 음료이니 대만에 딱 도착해서 첫 음료로 마셔주면 완벽한 시작이 될 것 같아요. 아무래도 대만 사람들은 잠 안 자고 음료 연구만 하는 게 분명해요.

송차이 툰

파인애플 패션후르츠 요거트 스무디
믿고 마시는 대만의 과일 스무디

파파이
파인애플 패션후르츠
요거트 스무디!

요거트 맛집답게
꼬소함이 강한
요거트 베이스에

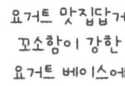 

과일 킬러들이
환장할 맛으로

패션후르츠의
상큼함과
파인애플의
달콤함이 가득!

대만에 딱 도착해서 첫 음료로 마셔주면

여행의 시작부터
기분이 확 좋아지는
상큼한 음료랍니다

너무 만족스러웠던 음료..
한국 가기 전 많이 마셔둬야지

대만 사람들은
잠 안 자고 음료 개발만
하는 게 아닐까요?

Map

구글맵에 파파(發發)를 검색해 주세요.

파파

공관 목장(發發 公館牧場)

📍 No. 164, Section 3, Tingzhou Rd, Zhongzheng District, Taipei City, 100

이통 목장(發發 伊通牧場)

📍 No. 75, Yitong St, Zhongshan District, Taipei City, 10491

단수이 목장(發發 淡水牧場)

📍 No. 8-2, Yingzhuan Rd, Tamsui District, New Taipei City, 251

Memo

사이즈는 하나밖에 없고 당도나 얼음 조절이 불가해요. 과육은 밑에 깔려 있으니 마시기 전에 잘 저어 드세요!

음료 주문

我要一杯鳳梨百香優格。

워야오 이뻬이 펑리 바이썅 요거.
: 파인애플 패션후르츠 요거트 스무디 한잔 주세요.

쩐쭈단 타로 우유

✕ **메뉴명**
슬펀 위위 시엔나이(十份芋芋鮮奶)

📍 **판매처**
쩐쭈단(珍煮丹)

💰 **가격**
미디엄 70元, 라지 85元

타로 중독자가 인사드립니다

한국인에게 다소 생소할 수 있는 타로지만 대만에서는 아주 흔한 식재료로 많은 사람에게 사랑을 받는 친구입니다. 중국어로 위토우芋頭라고 하며 메뉴판에 '芋' 자가 들어가 있다면, 이는 타로가 들어간 음식이라는 뜻입니다. 훠궈에 넣어 먹기도 하고 떡으로 만들기도 하며 케이크, 음료, 빵 등 정말 다양하게 먹을 정도로 대만 사람들의 식생활에 깊이 연관된 재료라고 할 수 있지요. 타로는 고구마와 같은 구황작물로 고구마보다 단맛은 덜하지만 부드럽고 슴슴합니다. 그 매력에 한번 빠지게 되면 절대 헤어나오지 못해요. 이제 타로만 보면 침이 고이는 지경까지 이르렀답니다.

타로 입문자들을 위한 추천 음료

슴슴하면서도 달짝지근한 타로의 매력을 보여드리기 위해서 어떤 메뉴가 가장 좋을까 고민해 본 끝에 타로 우유가 생각났습니다. 타로를 가장 맛있게 먹는 방법 중 하나인 것 같아요. 시원한 우유에 부드럽게 간 타로 페이스트를 넣고 타로와 고구마로 만든 쫄깃쫄깃 달콤한 떡을 넣으면 완성입니다. 시럽이나 다른 첨가물이 아닌 타로 본연의 맛으로 고소함과 달콤함의 밸런스를 잘 잡아낸 음료예요.

한 가지 팁을 드리자면 대만 음료 고수들은 쫀득한 떡이 들어간 음료를 시킬 때 얼음을 넣지 않아요. 타피오카 펄이나 타로 떡, 고구마 떡과 같은 쫀득한 토핑들은 따뜻한 물에 끓여서 만드는 것이기 때문에 얼음과 만나면 점점 굳어지면서 쫀득함이 사라져요. 타로 떡과 고구마 떡이 들어가 있는 음료를 제대로 즐기고 싶다면 '얼음 없이' 주문해서 마셔 보세요. 프랜차이즈마다 다르지만 쩐쭈단은 '얼음 없이' 옵션을 선택하면 아주 얇고 작은 얼음을 위에 살짝 올려준답니다.

┏ 송차이 툰

구수한 매력의 타로 우유
대만 사람들이 정말 사랑하는 타로!

한국에서는 정말 찾기 힘든 타로지만

타로를 가장 맛있게 먹는 방법은 바로,

우유에 타로 페이스트를 넣어 쫀득한 떡과 함께 마시는 거예요!

대만에선 케이크, 휘귀 등 다양한 재료로 사용되죠

구수한 음료가 생각날 때면 꼭 마시곤 했던 든든한 타로 우유!

시원한 우유와 구수한 타로, 타로 떡 & 고구마 떡 조합의 타로 우유!

달짝지근하고 구수한 맛의 타로 베이스에

구황작물을 사랑한다면 틀림없이 좋아할 것

우유의 고소함과 타로 떡, 고구마 떡의 쫄깃함이 합쳐졌어요

Map

구글맵에 쩐쭈단(珍煮丹)을 검색해 주세요.

Memo

기본적으로 음료 안에 타로 떡과 고구마 떡이 포함되어 있습니다. 주문할 때 토핑을 추가할 필요가 없어요.

미디엄 사이즈 주문

我要一杯中十份芋芋鮮奶, 去冰。

워야오 이뻬이 쭁 슬펀 위위 시엔나이, 취삥.

: 타로 우유 미디엄 사이즈 한잔에, 얼음 없이 주세요.

라지 사이즈 주문

我要一杯大十份芋芋鮮奶, 去冰。

워야오 이뻬이 따 슬펀 위위 시엔나이, 취삥.

: 타로 우유 라지 사이즈 한잔에, 얼음 없이 주세요.

레몬 커피

✗ 메뉴명
시시리 카페이(西西里咖啡)

📍 판매처
카페, 세븐일레븐

💰 가격
90~200元, 점포마다 상이

레몬즙에 샷 추가요, 레몬 커피

이탈리아의 작은 섬인 시칠리아西西里와 아무런 관련이 없지만, 시칠리아가 레몬으로 유명하다는 이유로 레몬 커피를 '시칠리아 커피'라고 부르기 시작했어요. 이름이 그대로 굳어져 대만에서는 레몬 커피를 시시리 커피라 부른답니다.

레몬 커피는 대만 사람들 사이에서 아주 유행하던 커피인데요. 당시 많은 사랑을 받아서 지금은 편의점이나 카페에서도 쉽게 찾아볼 수 있는 흔한 메뉴로 자리 잡았습니다. 우리나라도 한때 복숭아, 레몬 아이스티에 에스프레소 샷을 추가한 '아샷추' 메뉴가 유행했었는데요. 이와 비슷

한 개념으로 이해하면 좀 더 접근하기 쉬울 것 같아요. 레몬 커피는 레몬즙에 꿀(카페마다 다름)과 에스프레소 샷을 추가한 '레샷추'라고 할 수 있습니다. 편의점이나 카페에 따라 탄산을 추가해 주는 경우도 있어요. 탄산이 들어간 경우는 좀 더 청량한 느낌이 난답니다.

레몬 커피에 시며들다

처음에는 이게 무슨 맛인가 싶다가 몇 모금 홀짝홀짝 마시다 보면 아무도 모르게 시며드는(시시리 커피에 스며드는) 자신을 발견할 수 있을 거예요. 커피의 쌉싸래한 향과 풍미 사이로 레몬의 상큼함과 꿀의 달콤함이 탁 치고 올라오니 정신이 확 맑아진답니다.

아래 깔린 영롱한 레몬즙 위로 짙은 에스프레소 샷이 천천히 스며드는데 그 모습이 정말 예뻐요. 밤에 마시기는 다소 진한 음료이니 아침에 마시는 걸 추천드립니다.

> 송차이 툰

레샷추, 레몬 커피

레몬즙과 꿀을 넣고 에스프레소를 더해 완성되는 레몬 커피!

한국에서 유행했던 아샷추를 기억하시나요? (아이스티에 샷 추가)

대만에서 한창 유행했던 음료라 편의점에서도 일반 카페에서도 흔하게 볼 수 있어요.

대만에선 아샷추 대신 레샷추를 찾아볼 수 있는데요 (레몬즙에 샷 추가)

레몬즙 위로 에스프레소 샷을 부어 시원하게 마시는 커피랍니다

카페에 따라 탄산수를 넣어 청량감을 더해주기도 해요

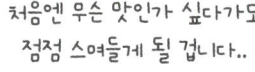

처음엔 무슨 맛인가 싶다가도 점점 스며들게 될 겁니다..

커피의 쌉싸름함을 레몬의 새콤함이 비집고 들어와 정신이 번쩍 들어요

Map

카페에서 흔하게 만날 수 있는 메뉴이니 아래 주소는 참고만 해주세요!

씨안찌아뻬이쑤어(熙岸珈琲所)
가장 추천하는 카페입니다.
📍 No. 19, Lane 52, Section 1, Da'an Rd, Da'an District, Taipei City, 106070

융캉찌에(永康階)
📍 No. 27, Lane 243, Jinhua St, Da'an District, Taipei City, 106

춘티엔찌아(春天家)
📍 No. 55, Xining N Rd, Datong District, Taipei City, 103

씨냥카페이쌍항(私釀咖啡商行)
📍 106, Taipei City, Da'an District, Lane 265, Section 2, Dunhua S Rd, 7號1樓

베이펑셔(北風社)
인기가 많아 오픈런이 필요한 카페예요.
📍 10353, Taipei City, Datong District, Lane 47, Chifeng St, 18號2樓

Memo

편의점보다 카페에서 마시는 레몬 커피가 더 맛있으니, 일반 카페를 가더라도 레몬 커피가 있는지 직원에게 한번 문의해 보세요.

동과 레몬차

✘ 메뉴명
똥꽈 닝멍(冬瓜檸檬)

📍 판매처
밀크샤, 청심복전, 코코

💰 가격
50~55元, 점포마다 상이

누룽지 사탕 맛이 나는 과일, 동과

한국에서는 잘 모르지만, 대만에서 동과冬瓜는 아주 흔하게 볼 수 있는 과일 중 하나입니다. 같은 음료라도 동과가 들어가기만 하면 대만 느낌이 나서 정말 좋아하는 과일 중 하나예요. 동과는 박처럼 생긴 아주 큰 열매로 찬 성질을 가지고 있어 체온을 내리는 데 도움을 주는 과일입니다. 그러다 보니 여름에 특히 많은 사랑을 받고 있어요. 동과는 생으로 먹기보다 음료로 만들어 먹는 것이 일반적입니다. 동과로 만든 음료는 우리가 잘 아는 누룽지 사탕 맛과 비슷한 맛이 나요.

구수한데 상큼한 맛까지!

   동과만 들어간 음료는 개인적으로 너무 달아서 여기에 상큼한 레몬즙이 추가된 동과 레몬차를 더 좋아해요. 대만에서 사는 동안 가장 많이 그리고 자주 마신 음료로 구수하고 달콤한 동과와 상큼한 레몬이 완벽한 맛의 조화를 이룹니다. 음료 한 모금에 갈증이 바로 해소되는 그런 상쾌한 음료이니 꼭 한번 경험해 보세요. 대만의 음료 프랜차이즈는 물론 야시장 생과일주스 가게에서도 판매하는 흔한 음료 중 하나입니다.

❝송차이 툰

구수한 매력의 동과 레몬차

기본 30도부터 시작하는 대만의 미친 여름 날씨..

10분만 걸어도 땀이 왕창 나기 때문에 음식보다 음료를 더 많이 찾게 되는 요즘..

동과(冬瓜)

체온을 내려주는, 박처럼 생긴 찬 성질의 과일

대만 느낌 가득한 '동과 레몬차'를 들고 와봤어요

동과로 만든 음료는 구수하고 달짝지근한 누룽지 사탕 맛이 나요

누룽지 사탕의 구수함에 레몬의 상큼함이 더해졌어요

〈주문 방법〉

我要一杯大冬瓜檸檬,少冰。

대만스러운 음료 중 하나라고 생각해요

동과 레몬차 라지 사이즈 한잔에, 얼음 75%로 주세요.

Map

구글맵에 밀크샤(迷客夏 혹은 Milksha), 청심복전(清心福全), 코코(COCO)를 검색해 주세요.

Memo

동과 레몬차는 가게마다 당도 변경이 불가한 경우도 있어서 당도는 생략하겠습니다. 당도를 선택해야 할 때는 당도 50% 半糖 혹은 당도 30%微糖를 추천합니다.

동과 레몬차 주문

我要一杯大冬瓜檸檬, 少冰.

워야오 이뻬이 따 똥꽈 닝멍, 샤오뼹.
: 동과 레몬차 라지 사이즈 한잔에, 얼음 75%로 주세요.

또우화

✗ 메뉴명
또우화(豆花)

📍 판매처
또우화 가게(豆花店)

💰 가격
40~100元, 점포마다 상이

로컬 감성 가득한 디저트

또우화는 큰 솥에 담긴 순두부를 조심스레 퍼서 그릇에 담은 후 그 위로 투명한 설탕물을 가득 부어주고 다양한 토핑을 취향대로 올려 먹는 로컬 디저트입니다. 또우화에 향신료나 낯선 재료가 들어간 것은 아니지만 한국인이 느끼기에 다소 생소할 수 있어요. 하지만 대만 음식을 좀 더 깊숙이 알아가고 싶다면 또우화를 먹어 보는 걸 추천해 드려요.

내 맘대로 골라 담는 토핑

한국도 빙수 가게마다 얼음과 토핑의 종류가 조금씩 다르듯 또우화 토핑도 가게마다 조금씩 달라요. 일반적인 토핑은 팥紅豆, 녹두綠豆, 율무薏仁, 타피오카 펄珍珠, 알로에蘆薈, 탕위엔湯圓, 고구마 떡地瓜圓, 타로 떡芋圓, 치자 떡粉粿, 선초 젤리仙草 정도가 있습니다. 선택하는 토핑 개수에 따라 가격이 달라지며 또우화 한 그릇에 세네 가지 토핑을 선택하는 것이 일반적이에요. 여러 번 또우화를 먹다 보면 자신의 취향에 맞는 토핑을 찾을 수 있습니다. 대만 여행을 하며 짧게 머무는 사람들을 위해 실패 없는 토핑을 추천해 드릴게요. 팥, 고구마 떡, 타로 떡, 치자 떡 정도가 또우화와 무난하게 잘 어울립니다.

은근한 매력의 또우화

시원하면서 달콤한 설탕물과 고소하고 부드러운 순두부 그리고 직접 선택한 토핑을 한 스푼 가득 떠 입에 넣어보세요. 잔잔하면서도 은은한 그 맛의 매력에 빠지게 될 거예요. 더운 여름날 땀을 뻘뻘 흘리며 또우화 가게로 들어가 시원한 또우화 한 그릇을 먹어 보세요. 대만 여행이 조금 더 선명하고 오래 기억될 수 있을 거예요.

송차이 툰

또우화
대만 사람들이 사랑하는 순두부 디저트

또우화(豆花)는

순두부 위에
팥, 타로 등
원하는 토핑을 올리고

순두부, 설탕물,
내가 원하는 토핑

이렇게 간단한
조합이지만

그 위로
시원한 설탕물을
부어 후루룩 먹는

대만 국민 디저트죠

가게마다
맛도 토핑도
조금씩 달라

다양한 매력을
가지고 있답니다

일반적인 토핑은 아래와 같아요

팥　녹두　율무　타피오카 펄

순두부로 만들어
익숙하지 않은
디저트일 수 있지만

알로에　탕위엔　고구마 떡　타로 떡

치자 떡　선초 젤리　삶은 땅콩　타로 페이스트

대만을 가까이에서
느끼고 싶다면
꼭 맛봐야 함!

Map

구글맵에 또우화 가게(豆花店)를 검색해 주세요.

롱메이슈관(榕美樹館)
또우화 입문자에게 추천하는 매장으로 '세 가지 토핑을 고르는 또우화(三品豆花)'를 판매하고 있어요.

추천: 타로 떡(芋頭圓), 고구마 떡(蕃薯圓), 시엔차오 훈꾸이(仙草粉粿), 타로 페이스트(芋泥球).

📍 104, Taipei City, Zhongshan District, Lane 66, Minsheng W Rd, 21號一樓

롱탄 또우화(龍潭豆花)
아주 오래된 가게로 설탕물, 순두부, 삶은 땅콩만 들어갑니다.

📍 No. 239, Section 3, Tingzhou Rd, Zhongzheng District, Taipei City, 100

Memo

롱메이슈관은 요즘 스타일의 또우화를 판매해 젊은 사람들에게 인기가 많은 매장이에요. 타로 떡, 고구마 떡, 타로 페이스트, 타피오카 펄, 팥 등 다양한 토핑이 준비되어 있어요. 그중 말캉한 젤리 같은 시엔차오 훈꾸이(선초 젤리와 치자 떡)는 이 가게에서만 파는 인기 토핑이니 꼭 도전해 보는 것을 추천해요.

롱탄또우화는 한국으로 치면 오랜 세월 자리를 지킨 국밥집 같은 곳입니다. 이곳 또우화는 캐러멜 향(탄 맛)이 나는 곳으로 유명한데, 나이가 든 사람일수록 토핑이 단순하고 특유의 탄 맛이 나는 또우화를 찾는다고 해요. 순두부를 큰 솥에서 끓일 때 굳지 않도록 계속 저어주는 과정에서 가장 아래에 있는 순두부가 제대로 섞이지 못해 그을리며 탄 맛이 납니다. 40대 이상의 대만 사람들은 탄 맛이 나는 옛날식 또우화를 그리워하며 이 가게를 찾는다고 합니다.

자이 또우장 또우화

✕ 메뉴명
또우장 또우화(豆漿豆花)

📍 판매처
또우화 가게(豆花店)

💰 가격
75~100元, 점포마다 상이

한적한 소도시, 자이

자이嘉義는 타이난과 타이중 사이에 있는 소도시로 아직 관광객에게 잘 알려지지 않아 이곳을 찾는 여행객은 아주 드문 편인데요. 개인적으로 여유롭고 한적한 대만의 모습을 잘 담고 있는 숨겨진 보석 같은 도시라고 생각합니다.

또우화의 업그레이드 버전

자이에서 꼭 먹어 봐야 할 음식을 하나 꼽으라면 망설임 없이 '또우장 또우화'를 추천하겠습니다. 먼저 또우화豆花는 달고 시원한 설탕물에 순두부와 떡, 팥, 녹두, 타피오카 펄 등 다양한 토핑을 넣어 먹는 대만의 국민 디저트입니다. 또우장豆漿은 콩으로 만든 대만식 음료로 묽은 두유 같아요. 한마디로 정리하면 설탕물이 들어가는 또우화에 설탕물 대신 콩음료인 또우장을 부은 것이 또우장 또우화랍니다.

부드럽고 고소한 순두부의 맛과 달짝지근한 또우장의 맛이 함께 어우러져 콩 본연의 고소함을 입안 가득 느낄 수 있습니다. 여기에 원하는 토핑을 취향대로 추가해서 넣어 먹는다면, 먹을 때마다 새로운 매력의 또우장 또우화를 맛볼 수 있겠죠. 가게마다 또우장 또우화의 스타일과 토핑 종류가 조금씩 다르니 다양한 가게를 방문해 여러 또우장 또우화를 경험해 보세요.

송차이 툰

또우장 또우화

고소함의 끝판왕, 두유를 넣은 순두부 디저트

타이난과 타이중 사이에 있는 소도시 자이(嘉義)

자이에서만 맛볼 수 있는 디저트가 있어요

또우장   또우화
豆漿   豆花
콩음료   순두부

한적하고 조용한 분위기가 매력인 아주 작은 도시

시원한 두유에 순두부와 토핑을 넣어 먹는 또우장 또우화

원래 또우화는 달콤한 설탕물에 순두부를 넣지만

순두부 = 디저트

라는 개념은 우리에게 다소 생소할 수 있지만

자이의 또우화는 설탕물 대신 또우장이 기본 베이스!

대만 유학생이나 여행 고수들은 꼭 먹는 로컬 디저트

가게마다 또우장 또우화의 스타일도 달라요

또우장으로 만든
시원한 슬러시를
또우화 위에
올리기도 하고

주전자에 담긴
시원한 또우장을
또우화 위로 직접
부어 먹는 곳까지

다양한 스타일의
또우장 또우화 가게가 있으니
도전해 보세요

Map

타오청 또우화 꽝화루점(桃城豆花 光華路)

추천: 또우장 또우화(豆漿豆花)에 녹두(綠豆), 팥(紅豆), 고구마 타로 떡(地瓜芋圓) 추가

주문법: "워 야오 또우장 또우화, 찌아 뤼또우, 홍또우, 띠 꽈위위엔(我要豆漿豆花, 加綠豆, 紅豆, 地瓜芋圓), 또우장 또우화 하나에 녹두, 팥, 고구마 타로 떡 추가할게요"라고 말하며 주문합니다.

📍 No. 65, Guanghua Rd, East District, Chiayi City, 600

자이 핀안 또우장 또우화(嘉義品安豆漿豆花)

또우장으로 만든 슬러시를 위에 얹어주는 맛집입니다.

추천: 기본 당도인(正常甜) '또우장 슬러시 또우화(豆漿冰沙豆花)'에 타로 페이스트(芋泥), 고구마 타로 떡(地瓜芋圓) 추가

주문법: 가게 앞에 놓인 주문서에 원하는 메뉴를 표시한 후 계산대에서 계산합니다.

📍 No. 335, Zhongzheng Rd, East District, Chiayi City, 600

난이도
★

패션후르츠 요거트 빙수

✖ **메뉴명**
바이쌍 요거(百香優格)

📍 **판매처**
미스터 셰프 공관점(Mr. 雪腐公館店)

💰 **가격**
한 그릇 120元

음료 · 빙수 · 과일

명문대생들의 단골

대만 최고 명문대학인 대만대학교 정문 대학가에 있는 〈미스터 셰프〉, 이곳의 최고 인기 메뉴는 패션후르츠 요거트 빙수입니다. 미스터 셰프는 대만대학교 학생들로 가득한 빙수 가게인데요. 관광객에게는 아직 알려지지 않아 꼭 소개하고 싶었습니다. 대만대학교 학생들끼리만 공유하고 있었던 숨은 맛집을 여러분에게 알려드릴게요.

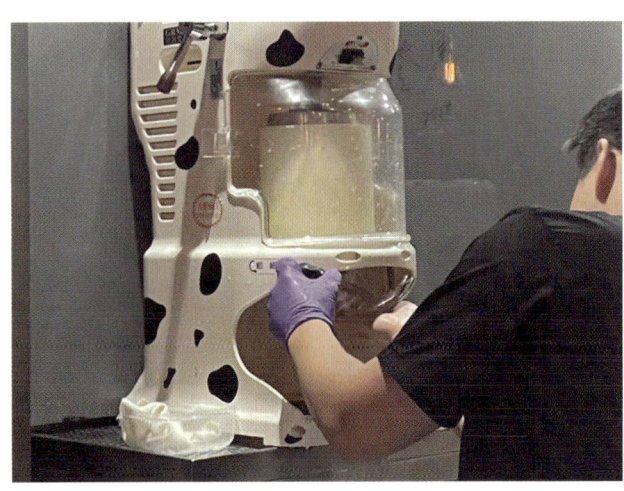

대만에서 평생 살래!

사각사각 곱게 갈린 요거트 얼음은 입안에서 사르르 녹아 버리고, 빙수 위로 가득 올라간 신선한 패션후르츠는 새콤한 맛을 더해 빙수의 퀄리티를 한껏 올려줘요. 보기만 해도 침이 고이는 비주얼을 찾아 여름은 물론, 겨울에도 많은 학생이 이곳을 방문합니다. 패션후르츠 요거트 빙수를 한가득 퍼서 입안에 넣으면 '대만으로 이민을 와야 하나?'라는 생각이 절로 든답니다.

유명한 관광 맛집보다 현지인이 자주 찾는 진짜 맛집이 궁금한 여행자들에게 이곳을 추천합니다. 현지인이 인증하는 맛집이니 대만 로컬 맛집을 경험하고 싶은 사람들에게 이보다 좋은 선택지가 있을까요? 여행에서 이런 보석 같은 곳을 발견하는 건 큰 행운이에요.

▎송차이 툰

패션후르츠 요거트 빙수
최고 기온 37도가 일상인 대만의 여름..

여름을 견딜 수 있는
유일한 방법,
시원한 과일 빙수
왕창 먹어주기

대만대학교 정문 쪽에
있는 〈Mr. 雪腐〉
대만대 학생들에게
많은 사랑을 받는 곳으로

상큼함의 끝판왕
패션후르츠 요거트 빙수를
소개합니다

가장 유명한 메뉴는
패션후르츠
요거트 빙수

곱게 간
요거트 빙수 위로
패션후르츠 과육을
잔뜩 올려주심

한입 먹고 나면
한국 돌아가기 싫어지는 맛..

달콤한 요거트와
톡톡 터지는 새콤한
패션후르츠 조합이
진짜 사기예요

Map

미스터 셰프 공관점(Mr. 雪腐 公館店)

📍 No. 21, Lane 244, Section 3, Roosevelt Rd, Zhongzheng District, Taipei City, 100

자오시 망고 우유 빙수

✖ **메뉴명**
시엔 망궈 뇨나이 쉐빙(鮮芒果牛奶雪冰)

📍 **판매처**
뼁쉐 자오시점(冰雪 礁溪店)

💰 **가격**
한 그릇 200元

인생을 바치고 싶은 망고 빙수

대만에서 여름을 나며 전국 방방곡곡 빙수 맛집들을 찾아다녔어요. 한국인 관광객에게 유명한 맛집부터 현지인도 줄 서서 먹는 가게까지 정말 많은 빙수를 먹어 보았습니다. 하지만 '이거다!' 싶은 빙수가 없어서 늘 아쉬웠는데요. 우연히 방문한 여행지에서 그토록 찾아 헤매던 빙수를 찾았습니다.

온천 마을에서 인생 망고 빙수를 만나다

어학당 졸업 후 기념으로 타이베이 근교의 온천 마을인 자오시礁溪를 방문하게 되었어요. 타이베이에서 1시간 반 정도 기차를 타고 가면 도착하는 자오시. 외국인보다 대만 사람들이 온천을 즐기기 위해 찾는 로컬 여행지랍니다. 자오시에 도착해 무작정 길을 걷다가, 현지인들이 우르르 들어가는 빙수 가게를 발견하고 홀린 듯이 따라 들어갔는데요. 그곳에서 인생 망고 빙수를 만나게 되었습니다.

감동 그 자체, 세숫대야 망고 빙수

이곳의 망고 빙수는 다른 빙수들과 다르게 2인분이라 세숫대야만 한 그릇에 나오는데요. 너무 걱정하지 마세요. 정말 맛있기 때문에 혼자서도 다 먹을 수 있어요. 소복이 쌓인 우유 얼음 위로 향긋한 애플망고를 왕창 올린 후 망고 시럽과 연유를 가득 뿌려 줍니다. 그리고 취향대로 선택한 토핑과 곁들여서 먹으면 되는데요. 쫀득한 떡 종류의 토핑을 추가하는 걸 추천합니다.

빙수 위에 올라가는 애플망고는 얼리지 않은 생망고를 그 자리에서 손질해 올려주기 때문에 신선함과 달콤함, 촉촉함은 말할 것도 없고요. 우유 얼음은 금방 녹아버리는 얼음이 아닌, 쫀득쫀득하면서도 보드라운 신기한 얼음이에요. 입안에 넣는 순간 감탄사가 저절로 튀어나와요. 자오시에 머무는 동안 하루도 빠지지 않고 매일 가서 망고 빙수를 퍼먹었답니다.

송차이 툰

인생을 갖다 바치고 싶은 망고 빙수
자오시(礁溪)라는 작은 온천 마을의 망고 빙수

혼자서 세숫대야만 한 망고 빙수를

타이베이에서 기차로 1시간 반 걸리는 온천 마을 자오시의 동네 빙수 가게로

4일 연속으로 먹었다면 믿어지십니까

다양한 종류의 빙수가 있지만 한눈팔지 마십쇼 망고 빙수에 집중!

이렇게 쫀득한 우유 얼음은 처음 먹어봤어요

과즙이 뚝뚝 흐르는 애플망고를 가득 올려

30분이 지나도 절대 녹지 않는 신기한 우유 얼음

입에 넣어주면 눈물이 고이는 맛

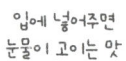

떡은 얼음과 함께 있으면 굳으니 따로 달라고 요청하는 게 포인트!

여기서 망고 빙수를 먹은 이후로

타이베이에서
유명하다는
망고 빙수 맛집은
모두 가 보았지만

그래서 기차 타고 당일치기로
망고 빙수를 먹고 온 적도 있어요

먹을 때마다
더 그리워졌던
이곳의 망고 빙수

Map

뻥쉐 자오시점(冰雪 礁溪店)

📍 No. 91, Section 2, Zhongshan Rd, Jiaoxi Township, Yilan County, 262

Memo

6~8월 사이에 대만을 방문한다면, 망고 빙수를 위해서라도 자오시 온천 마을에 꼭 방문해 보세요. 생망고만 사용해 제철인 여름에만 판매하고 있어요. 방문 전 매장에 문의해 보는 게 좋은데, 호텔 카운터에 정중하게 부탁드려 보세요. 친절하게 도와줄 거예요.

주문하는 순서

① 베이스 선택

牛奶雪冰

우유 눈꽃 빙수

② 주재료 선택

鮮芒果

생망고

③ 토핑 선택

湯圓, 地瓜圓芋圓

탕위엔, 타로 고구마 떡

전통 아이스크림

✗ **메뉴명**
훈따 삥(混搭冰)

📍 **판매처**
베이먼펑리삥(北門鳳李冰)

💰 **가격**
두 가지 맛 선택 55元

골목 속 숨은 레트로 아이스크림 가게

대만의 예스러움을 그대로 간직하고 있는 아늑한 전통 아이스크림 가게를 소개합니다. 〈베이먼펑리삥〉은 옛날 방식으로 아이스크림을 만드는 곳으로 땅콩, 녹두, 타로, 파인애플, 롱간(대만 과일 중 하나), 건매실 등 이름만 들어도 옛 느낌이 가득한 전통 아이스크림을 판매하는 곳입니다. 복고가 유행하며 대만 MZ세대에게 많은 사랑을 받고 있어요.

한적한 골목에 있는 아이스크림 가게, 베이먼펑리삥에는 두 가지 맛을 골라 먹을 수 있는 메뉴가 있습니다. 추천하고 싶은 맛은 네 가지로 땅콩花生, 녹두綠豆, 타로芋頭, 파인애플鳳梨입니다. 이 외에도 여러 특이한 맛이 있지만, 외국인에게는 다소 난이도가 있는 맛이라 네 가지 맛에서 취향대로 선택하는 것을 추천해 드립니다.

원하는 맛을 정하고 사장님에게 말하면 아이스크림을 가득 퍼 컵에 담아 주는데요. 계산 후 아이스크림을 실내에서 먹어도 되고 야외에 자리가 있다면 의자를 놓고 앞마당에서 먹어도 됩니다.

맛별로 매력도 가지각색

    파인애플 맛은 꼭 먹어 보았으면 해요. 셔벗 식감의 파인애플 과육이 콕콕 박혀 있고 색소나 다른 첨가물이 들어가지 않은 파인애플 맛을 느낄 수 있어요. 녹두 맛은 한국에서 흔히 맛볼 수 없는 맛으로 까끌까끌함과 구수한 단맛이 잘 어울려서 계속 생각납니다. 땅콩 맛은 셔벗 식감에 고소함이 강하고 부담 없이 누구나 좋아할 만한 맛이었습니다. 마지막으로 타로 맛은 한국 사람들에게는 익숙하지 않겠지만, 슴슴함이 입안 가득 부드럽게 퍼져서 한 스푼 두 스푼 떠먹다 보면 어느새 바닥이 보이는 무서운 매력의 맛이었어요. 대만의 타로 맛이 익숙하지 않은 사람은 맛있다고 느끼기 힘들 수도 있지만, 대만을 여러 번 방문해 보았거나 대만 사람들의 입맛이 궁금한 사람들은 타로 맛에 도전해 보는 걸 추천합니다. 처음에는 타로의 매력을 잘 몰랐는데 대만에 살면서 타로에 빠지게 되었답니다.

▝ 송차이 툰

레트로 감성 전통 아이스크림
오래된 주택이 즐비한 한적한 골목 안 작은 아이스크림 가게

원하는 맛을
선택하면 컵에
가득 담아주는
낭만이 가득한 곳

추천하는 맛은 아래와 같아요

녹두 맛
까끌까끌 구수한 맛

파인애플 맛
새콤달콤 달달한 맛

녹두, 파인애플,
타로, 땅콩 맛 등
어딘가 힙한
옛날 아이스크림

땅콩 맛
고소한 땅콩의 맛

타로 맛
대만을 대표하는 맛

2가지 맛을 선택할 수 있는데, 추천 조합은

땅콩 + 녹두
할매 입맛
제대로 저격 조합

파인애플 + 땅콩
실패 없는 상큼 & 고소 조합

셔벗 질감에 재료 본연의 맛이
충실한 아이스크림

땅콩 + 타로
대만 사람들이
가장 사랑하는 조합

Map

베이먼펑리삥(北門鳳李冰)

No. 9, Alley 33, Lane 216, Section 4, Zhongxiao E Rd, Da'an District, Taipei City, 106

Memo

한국어, 영어 메뉴판이 모두 있어요. 먹고 남은 용기와 숟가락은 야외에 마련된 싱크대에서 셀프로 정리해야 해요. 머문 자리를 깔끔하게 치우는 여행 에티켓 꼭 지켜 주세요.

애플망고

✗ **메뉴명**
아이원 망궈(愛文芒果)

📍 **판매처**
과일 가게 및 마트

💰 **가격**
개당 25~90元

대만 여름 여행의 유일한 장점, 애플망고

대만의 여름은 동남아 국가답게 한국과 비교할 수 없을 정도로 습하고 뜨거운 햇살을 자랑합니다. 여행을 다니기 힘든 날씨임에도 불구하고 많은 사람이 여름에 대만을 찾는데요. 그 이유 중 하나는 열대 과일을 맛보기 위해서입니다. 그중에서도 가장 사랑을 받는 애플망고에 관해서 이야기해 볼게요.

망고는 아주 다양한 품종이 있고, 품종마다 크기도 맛도 가격도 모두 천차만별입니다. 한국인이 가장 좋아하는 품종은 향긋한 애플망고예요.

한국에서는 구하기 어렵고 비싸 고급 과일에 속하지만, 대만에서는 쌀 땐 1kg에 한화 약 4,000원까지도 가격이 내려갑니다. 더워지기 시작하는 6월 끝자락 무렵 동네 과일 가게나 마트에서 새빨간 애플망고를 종종 발견할 수 있는데요. 그러다 7~8월에는 주변에서 흔하게 찾아볼 수 있게 되고 8월 말부터는 점차 찾아보기 힘들어집니다.

망고에 미친 자가 알려주는 꿀팁

마트에서 판매하는 애플망고는 사각형 모양의 투명 플라스틱 상자 안에 들어있는데요. 안을 자세히 살펴보면, 망고의 꼭지에서 꿀이 흘러나와 반짝거리고 유난히 빛깔이 붉은 애플망고가 들어있는 상품이 있습니다. 이것으로 구매하면 인생 애플망고를 맛볼 수 있을 거예요. 대만에서 뒤늦게 애플망고에 눈을 뜨게 되어 하도 많이 먹다 보니 주변에서 저를 '망친자(망고에 미친 자)'라고 불렀답니다.

자주 먹으니 깔끔하게 먹을 수 있는 망고 손질법도 생겼어요. 먼저 애플망고를 손에 쥐고 가로 방향으로 칼집을 내주세요. 그 후 망고의 위아래를 손으로 잡고 힘을 살짝 주어 비틀면 완벽하게 두 쪽으로 분리가 됩니다. 한쪽에 박힌 씨앗은 칼로 긁어 빼주세요. 씨앗까지 완벽하게 제거된 망고를 컵에 올린 후 숟가락으로 퍼먹으면 깔끔하게 망고를 먹을 수 있답니다. 망고를 먹기 위해 대만 여행을 오는 사람이라면 과도는 필수입니다. 과도는 기내에 반입할 수 없으니 위탁 수하물로 부치는 것 잊지 마세요.

▌송차이 툰

여름은 애플망고의 계절
한국에는 없어서 그리고 비싸서 못 먹는 애플망고

6~8월 대만에선 망고를 원 없이 먹을 수 있어요

무게당 가격이 표시되어 있는 과일 가게나

여러 망고 품종 중 가장 맛있는 건 애플망고인 '아이원 망귀'

현지 마트인 PX 마트에서 구매하는 것이 가장 저렴

애플망고 고르는 방법은 아주 간단해요

붉은빛이 선명할수록 달고 맛있는 애플망고!

저만의 망고 손질법은 다음과 같아요

애플망고를 손에 쥐고 가로 방향으로 칼집을 내주세요

잘 익은 애플망고는 꼭지에서 꿀이 흘러나와 반짝거려요

힘을 살짝 주어 비틀어주면 완벽하게 분리됩니다

한쪽에 박힌
망고 씨앗은
칼로 살살 긁어
빼주고

애플망고를 위해서라도
과도는 필수!
(기내 반입 불가, 위탁 수하물로 부치기)

숟가락으로 퍼먹으면
아주 깔끔하게
먹을 수 있어요

Map

구글맵에 과일 가게(水果店)나 PX마트(全聯 혹은 PX Mart), 까르푸(家樂福 혹은 Carrefour)를 검색해 주세요.

찐허 과일 가게(金合水果店)
📍 No. 168, Section 2, Guiyang St, Wanhua District, Taipei City, 108

찐리우 샹띠엔(金柳商店)
📍 No. 24, Lane 25, Kangding Rd, Wanhua District, Taipei City, 108

이청 청과물 가게(一成蔬果店)
📍 No. 71, Lianyun St, Zhongzheng District, Taipei City, 100

석가

✗ **메뉴명**
슬찌아(釋迦)

📍 **판매처**
과일 가게 및 마트

💰 **가격**
개당 50~90元

석가모니의 머리가 생각나는 과일

석가는 대만 겨울 여행을 계획 중인 사람이라면 주목해야 할 울룩불룩한 초록빛 과일입니다. 석가모니의 머리를 닮았다고 해서 석가란 이름이 붙었어요. 겉은 풋풋한 연둣빛이라 전혀 달아 보이지 않지만, 설탕보다 당도가 높은 과일이랍니다. 물렁한 홍시와 같은 식감의 석가는 사이다에 하루 종일 담근 멜론 맛이 나요. 정말 이상한 표현이지만 한입 먹어 보면 단번에 이해될 겁니다.

맛있는 석가를 구매하는 방법

잘 익은 석가는 당도가 아주 높아 설탕 덩어리를 씹는 기분이 들기도 해요. 석가는 충분한 후숙 기간을 거친 후 먹어야 하는 과일이기 때문에 여행 일정에 맞추어 알맞은 상태로 구매하는 것을 추천합니다. 넉넉한 시간을 두고 여행하는 이들이라면 푸릇푸릇한 석가를 구매한 후 상온에서 2~3일 정도 후숙해 먹으면 됩니다. 하지만 짧은 기간 동안의 대만 여행을 계획했다면 바로 먹기 위해서 검은색 반점이 있는 물렁한 석가를 구매하는 걸 추천드려요. 살짝 아파 보이는 석가를 구매하는 게 포인트입니다. 잘 익은 석가는 먹기 직전 냉장고에 두어 시원하게 먹는 것이 가장 맛있어요. 과일이 부드러워 칼 없이도 손으로 쉽게 쪼개어 먹을 수 있답니다. 먹기 좋게 반으로 가른 후 홍시를 먹을 때와 똑같이 손에 들고 후루룩 먹거나, 숟가락으로 퍼서 먹으면 됩니다. 석가의 과육 속에는 아주 커다란 씨앗이 많이 있으니 조심해서 드세요.

많은 여행객이 야시장에서 석가를 구매하는데, 이는 정말 추천하지 않습니다. 야시장에서 파는 석가의 가격은 터무니없이 비싸고 품질도 좋지 않아요. 과일 가게나 마트에서 구매하면 실패 없이 달콤한 석가를 마음껏 즐길 수 있습니다.

▌송차이 툰

석가

부처님 머리가 왜 여기에?

대만의 겨울에 맛볼 수 있다고 알려진 이 과일은

2~3일 후숙한 후 먹어야 하는 과일이기 때문에

시간이 없다면 바로 먹을 수 있는 물렁물렁하고 검은 반점이 있는

석가모니의 머리를 닮아 석가라 불려요

설탕보다 당도가 높아 달고 부드러운게 특징

살짝 아파 보이는 석가를 고르는 것이

중요한 포인트

야시장에서 파는 석가는 터무니없이 비싸니

현지 마트나 과일 가게에서 구매하는 것이 합리적

사이다에 하루 종일 담근 멜론 맛(?)

잘 익은 석가는 홍시처럼 부드러워 손으로 쉽게 갈라 먹을 수 있어요

냉장고에 두고 시원하게 먹어야 더 맛있답니다

안쪽엔 씨앗이 많이 들어있으니 조심해서 먹기

Map

구글맵에 과일 가게(水果店)나 PX마트(全聯 혹은 PX Mart), 까르푸(家樂福 혹은 Carrefour)를 검색해 주세요.

옌쥐 과일 가게(延桔水果行)

📍 No. 52, Aiguo W Rd, Zhongzheng District, Taipei City, 100

이청 청과물 가게(一成蔬果店)

📍 No. 71, Lianyun St, Zhongzheng District, Taipei City, 100

칭핀 청과물 가게(青品蔬菓行)

📍 Lane 164, Section 2, Guiyang St, Wanhua District, Taipei City, 108

5

아침 식사 전문점

낯선 여행지에서 맞이하는 아침은 언제나 설레죠. 출근 준비하는 직장인, 학교로 뛰어가는 학생들 사이에서 맛보는 정갈하면서도 따뜻함이 가득한 대만의 아침 식사가 여러분을 기다리고 있어요. 어느 나라보다 아침 식사에 진심인 나라, 대만에서 완벽한 아침 한 끼를 경험하는 방법 알려드리겠습니다.

또우장

✕ **메뉴명**
또우장(豆漿)

📍 **판매처**
아침 식사 전문점 및 음료점

💰 **가격**
15~20元, 점포마다 상이

아침 식사 전문점의 단골 음료

또우장은 아침 식사 전문점 메뉴판에서 쉽게 발견할 수 있는 음료로, 콩으로 만든 고소한 대만식 두유입니다. 한국 두유와 다른 점이 있다면 단맛보다는 콩 본연의 고소함이 강하고 동시에 걸쭉하지 않은 묽은 음료인 점입니다. 시원하고 깔끔해 기름진 대만 음식과 아주 잘 어울려요. 편의점에서도 쉽게 구할 수 있는 또우장이지만, 아침 식사 전문점에서 사 먹는 또우장이 가장 맛있습니다.

처음에는 한국 두유와 다른 맛이 낯설어 놀라지만, 두 번 세 번 마시다 보면 어느새 '또우장 또 마시고 싶다'는 생각이 절로 들게 되는 마성의 음료랍니다.

그래서인지 대만을 처음 방문하는 사람들보다 대만에 대한 경험이 많은 유학생, 교환학생 혹은 대만을 자주 방문하는 여행객들에게 더 많은 사랑을 받는 음료입니다. 콩의 맛이 진하게 느껴지기 때문에 평소 콩이나 두부를 좋아하는 사람이라면 쉽게 도전해 볼 수 있어요.

또우장은 꼭 달게 마셔 주세요

또우장은 대만식 아침 식사 메뉴인 딴삥, 샌드위치, 판투안과 아주 잘 어울리니 음식과 함께 즐겨 보세요. 한 가지 기억해 두면 좋은 것은 또우장은 무설탕보단 설탕이 들어간 달콤한 맛이 더 맛있습니다. 대부분 무설탕 또우장과 달콤한 또우장을 함께 판매하는데요. 메뉴판에 적힌 무설탕無糖 혹은 무설탕 또우장無糖豆漿을 피해 설탕이 들어간 또우장을 주문하면 됩니다. 다른 건 몰라도 또우장만은 달게 마시는 편이에요. 무설탕 또우장은 정말 콩 맛 그 자체라, 약간 콩 씻은 물맛이 난답니다.

송차이 툰

또우장

콩의 고소함이 한 컵에 가득

아침 식사 전문점에서 쉽게 발견할 수 있는 대만식 두유, 또우장

한국 두유는 걸쭉하지만 대만 또우장은 묽은 우유 같아요

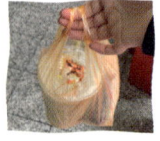

고소하고 시원해 대만 음식과 찰떡궁합이죠

둘 다 콩으로 만든 음료지만 콩의 고소함이 강조된 또우장!

아침 식사 전문점의 또우장이 가장 맛있어요

추운 겨울에 마시기 좋은 따뜻한 또우장도 있으니

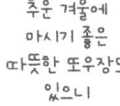 그날 날씨에 어울리는 또우장으로 주문해 보세요

두 번 세 번 마시다 보면 하루 종일 생각나게 되는 마성의 음료

Map

구글맵에 아침 식사 전문점(早餐店) 혹은 또우장(豆漿)을 검색해 주세요.

딘위엔 또우장(鼎元豆漿)
📍 No. 30-1, Jinhua St, Zhongzheng District, Taipei City, 106

러링 또우장(樂陵豆漿)
📍 106, Taipei City, Da'an District, Lane 51, Section 1, Da'an Rd, 21號三角窗

판투안빠(飯糰霸)
📍 No. 2, Xuchang St, Zhongzheng District, Taipei City, 100

또우장 홍차

✗ **메뉴명**
또우장 홍차(豆漿紅茶)

📍 **판매처**
아침 식사 전문점 및 음료점

💰 **가격**
15~20元, 점포마다 상이

또우장의 업그레이드 버전

　콩으로 만든 대만식 두유 또우장에서 한 단계 업그레이드 된 음료를 소개하겠습니다. 고소한 또우장에 향긋하고 쌉싸름한 홍차를 넣어 마시는 또우장 홍차. 아침 식사 전문점에서 쉽게 만나 볼 수 있는 대만 음료예요. 우유에 홍차를 섞어 마시는 밀크티와 색도 맛도 아주 비슷하지만, 또우장 홍차는 우유 대신 고소한 또우장이 들어간다는 차이가 있습니다. 산뜻하고 담백해 아침에 부담 없이 마시기 좋아요.

밀크티보다 가볍고 산뜻한

개인적으로 밀크티는 특유의 차향이 강하고 우유가 들어가 마시고 나면 속이 더부룩한 느낌이 있는데요. 또우장 홍차는 밀크티 맛이 나면서 고소하고 속도 편안합니다. 대만에서 지내는 동안 밀크티보다 또우장 홍차를 더 즐겨 마셨어요. 특히 아침 식사 전문점에서 판매하는 여러 음식과 무난하게 잘 어울리기 때문에 음식과 곁들여 마시는 걸 추천해 드려요.

▌송차이 툰

또우장 홍차

밀크티와는 또 다른 매력이!

고소한 또우장에
향긋한 홍차를
섞어 마시는
또우장 홍차

우유가 들어가는
밀크티와 달리
콩으로 만든
또우장이 들어가

아침 식사
전문점에서
쉽게 발견할 수 있는
현지 음료!

청량하면서도
고소하고 담백해
다른 음식과
잘 어울려요

항상 느끼는 거지만
대만 사람들은
음식 조합 천재

아침에 마실 때
가장 맛있는
또우장 홍차 소개였습니다

어쩌다
또우장에 홍차를
섞을 생각을
했을까요?

Map

구글맵에 아침 식사 전문점(早餐店) 혹은 또우장 홍차(豆漿紅茶)를 검색해 주세요.

딘위엔 또우장(鼎元豆漿)

📍 No. 30-1, Jinhua St, Zhongzheng District, Taipei City, 106

러링 또우장(樂陵豆漿)

📍 106, Taipei City, Da'an District, Lane 51, Section 1, Da'an Rd, 21號三角窗

푸얼쌍씽 송장난징점(福洱商行 松江南京店)

📍 No. 8, Lane 52, Yitong St, Zhongshan District, Taipei City, 104

미장

✕ **메뉴명**
미장(米漿)

📍 **판매처**
아침 식사 전문점 및 음료점

💰 **가격**
20~40元, 점포마다 상이

쌀로 만든 묵직한 음료

또우장과 또우장 홍차에 이어 마지막으로 소개할 대만의 아침 음료는 '미장'입니다. 한국에 대해서 잘 아는 대만 친구가 "한국에 미숫가루가 있다면 대만은 미장이 있다"라고 말하며 알려준 음료랍니다. 미장은 볶은 땅콩과 쌀로 만들어 진한 갈색을 띠는 걸쭉한 음료예요. 또우장과 또우장 홍차와 함께 아침 식사 전문점에서 쉽게 볼 수 있는 대표 음료죠.

할매 입맛을 가진 사람 주목!

콩으로 만든 음료인 또우장과 또우장 홍차에 비해 훨씬 묵직하고 걸쭉한 미장은 평소 미숫가루나 곡물라테를 좋아하는 '할매 입맛' 소유자라면 좋아할 만한 맛입니다. 미숫가루나 율무차를 마실 때 가장 마지막에 마시게 되는 한 모금은 유독 걸쭉하잖아요? 미장은 전체적으로 그 정도 농도를 가지고 있어요. 맛은 우리나라의 '아침 햇살'이라는 쌀 음료와 아주 비슷해서 평소 이 음료를 좋아한다면 미장을 주문해 마시면 좋을 것 같아요. 여름날 얼음 동동 띄운 미숫가루 한 사발 시원하게 들이키듯이 미장의 진정한 매력을 느끼려면 차갑게 마시는 게 좋습니다.

▎송차이 툰

미장

대만에서 만난 익숙한 그 맛

볶은 땅콩과
쌀로 만든
걸쭉한 음료로

곡물의 진한 꼬수운 향이 가득 담겨있어

미숫가루나
곡물라테를 좋아하는
할매 입맛이라면

흰 빛깔의
또우장과는 다르게

진한 갈색인
미장(米漿)

미장이 가진
녹진함과 고소함에
반하게 될 것!

또우장과 또우장 홍차와 다르게

쌀과 땅콩의
묵직한 맛이 특징인
음료이기 때문에

한 잔만 마셔도
속이 든든해지는 건강 음료!

콩 특유의 냄새가
싫은 사람들은
미장을 한번
마셔보세요

Map

구글맵에 아침 식사 전문점(早餐店) 혹은 미장(米漿)을 검색해 주세요.

웨이딘 안허(味鼎安和)

📍 No. 15, Alley 29, Lane 127, Section 1, Anhe Rd, Da'an District, Taipei City, 106

난이도
★

딴삥

✗ **메뉴명**
딴삥(蛋餅)

📍 **판매처**
아침 식사 전문점

💰 **가격**
30~120元, 점포마다 상이

아침 식사 전문점

가장 대만스러운 아침 메뉴

다른 건 몰라도 대만 여행에서 아침 식사만큼은 꼭 챙겨 먹었으면 해요. 호텔 조식보다는 아침 식사 전문점에서 딴삥과 같은 로컬 음식을 먹으며 대만 분위기를 느껴보세요. 딴삥은 딴蛋(달걀)과 삥餅(전병)을 합친 말로 달걀과 전병으로 만든 대만식 아침 식사 메뉴입니다. 만드는 과정은 아주 간단해요. 달걀물을 철판 위에 부어 살짝 익을 때까지 기다려줍니다. 그 위로 전병을 덮어 눌러주고 전병과 달걀물을 고정시켜요. 전병과 달걀이 노릇하게 익으면 뒤집은 후 그 위로 다양한 토핑을 올립니다. 마지막으로 돌돌 말아 한입 크기로 잘라주면 완성입니다.

무한한 매력의 딴뻥

달걀과 전병이라는 기본 재료에 어떤 토핑을 추가하는지에 따라 딴뻥의 이름이 달라져요. 베이컨, 옥수수, 치즈, 해시 브라운과 같은 토핑끼리만 잘 조합해 줘도 맛있는 딴뻥이 뚝딱 완성됩니다. 딴뻥의 스타일은 크게 두 가지로 나뉘는데, 겉이 쫀득하고 반질반질한 쫀득 딴뻥과 바삭하고 기름기가 없는 바삭 딴뻥이 있어요. 대만 친구가 말하길 쫀득 딴뻥은 옛날 스타일, 바삭 딴뻥은 요즘 스타일이라고 합니다. 딴뻥의 매력은 담백함이지만 같이 나오는 소스를 곁들여 먹어도 정말 맛있답니다. 딴뻥을 시킬 때 같이 나오는 진한 갈색 소스는 '장요우까오醬油膏'로 짭조름하면서 달짝지근한 대만식 소스입니다. 자극적인 맛이라 고소한 딴뻥과 아주 잘 어울려요.

딴뻥을 주문하는 방법

실전에서 딴뻥을 주문하는 방법은 아주 간단해요. 아래 세 단어만 기억하면 됩니다. "네이용內用, 먹고 갈게요." "와이따이外帶, 포장할게요." "찌아加, 추가할게요." 매장에서 먹고 갈 것인지, 포장할 것인지를 선택한 다음 취향대로 토핑을 추가해 나만의 딴뻥 조합을 주문하면 됩니다.

▐ 송차이 툰

대만식 아침, 딴삥

그 누구보다 아침 식사에 진심인 나라, 대만!

오전에만 영업하는
아침 식사 전문점이
따로 있을 정도..

蛋餅
딴삥
달걀 전병

달걀과 전병이
기본 재료로

아래의 과정을
거쳐 만들어요

우리도
대만 사람처럼
기깔나는
아침을 먹어봐요

달걀물을 올린다 | 달걀 위로 전병 추가 | 뒤집어서 토핑 추가 | 돌돌 말아 잘라 준다

쫀득 딴삥과 바삭 딴삥으로 나뉘고

추가할 수 있는
토핑도 다양해

취향껏 커스텀 가능

윤기 찰찰
쫀득 딴삥은
옛날 스타일

베이컨, 옥수수,
치즈, 해시 브라운
토핑끼리만
잘 조합해도 성공

기름기 쫙 빠진
바삭 딴삥은
요즘 스타일

딴삥의 매력은
담백함이지만

기본 소스는 달짝지근하고 걸쭉한
장요우까오(醬油膏)로
고소한 딴삥과 잘 어울려요

같이 나오는
소스를 곁들여
먹어도 좋아요

Map

구글맵에 딴삥(蛋餅)을 검색하고 영업 시간을 꼭 확인한 다음 방문해 주세요.

화궈 아침 식사 전문점(華國早餐店)
📍 No. 23, Qingdao E Rd, Zhongzheng District, Taipei City, 100

쥐쯔 아침 식사 전문점(桔子早午餐)
📍 No. 21-8, Qingdao E Rd, Zhongzheng District, Taipei City, 100

충칭 또우장 쨔딴삥(重慶豆漿炸蛋餅)
📍 No. 32, Lane 335, Section 3, Chongqing N Rd, Datong District, Taipei City, 103

얼리 아침 식사 전문점(而立早餐店)
📍 No. 8-5, Lane 77, Section 2, Zhongshan N Rd, Zhongshan District, Taipei City, 10491

판투안

메뉴명
판투안(飯糰)

판매처
아침 식사 전문점 및 편의점

가격
50~90元, 점포마다 상이

동글동글 대만식 주먹밥

아침에 대만의 길거리를 걷다 보면 사람들이 아침거리를 사 들고 바삐 걸어가는 모습을 볼 수 있을 거예요. 대만 사람들은 아침 식사에 진심이라 새벽부터 출근 시간까지 운영하는 아침 식사 전문점을 쉽게 찾아볼 수 있습니다. 한 손에 들어오는 귀여운 판투안도 대만의 국민 아침 메뉴 중 하나예요. 밥이라는 뜻의 '판飯'과 뭉친 떡이라는 뜻의 '투안糰' 떡처럼 뭉친 밥을 의미합니다. 주먹밥이라고 생각하면 이해하기 쉬워요. 밥을 펼쳐 대만식 반찬들을 가득 올리고 다시 밥을 올려 동글동글하게 뭉쳐주면 되는 간단하면서도 든든한 아침 메뉴입니다.

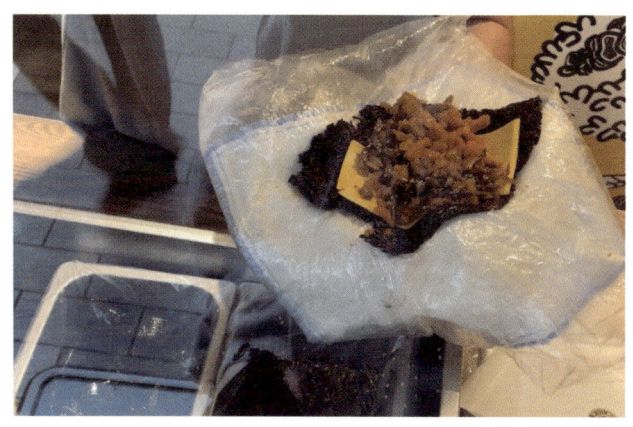

빠져나올 수 없는 판투안의 매력

판투안은 가게마다 조금씩 스타일이 달라 매번 먹을 때마다 새롭습니다. 가게마다 속에 들어가는 반찬들이 조금씩 다르지만, 일부 공통으로 들어가는 반찬들이 있는데요. 간장 소스에 달걀을 졸여 만든 루딴滷蛋, 고기를 말린 다음 잘게 찢어 가루로 만든 로송肉鬆, 반죽을 길게 빚은 후 바삭해질 때까지 기름에 튀긴 요우티아오油條는 꼭 들어가는 판투안의 기본 재료입니다. 여기에 무조림, 고추 양념, 참치, 마요네즈, 다시마, 오리고기 등 다양한 재료를 추가로 넣어 풍부한 맛을 낼 수 있어요. 밥도 가게마다 스타일이 조금씩 다른데 어떤 곳은 백미, 어떤 곳은 흑미, 또 어떤 곳은 백미와 흑미를 반반 섞어 만들기도 해요. 개인적으로 흑미로 만든 판투안이 좀 더 쫄깃하고 씹는 맛이 있어 좋아한답니다.

학창 시절 학교 가기 전에 현관문 앞에서 엄마가 입에 넣어주던 밥 한 숟가락의 맛을 다들 기억하시나요? 판투안이 딱 그런 맛이에요. 후다닥 만들지만 맛은 최고인 포근한 집밥 느낌이랍니다. 판투안을 포장해 길을 걸으며 한입 베어 물면 대만 사람들보다 더 현지인처럼 보일 수 있어요.

송차이 툰

판투안

동글동글 귀여운 아침 메뉴

판 투안
飯 糰
밥 뭉친떡

대만식 반찬과
밥을 뭉쳐
먹는 판투안

반찬을 감싼 밥은
흑미 또는 백미
쌀의 종류도
가게마다 달라요

속에 들어가는 반찬들은 조금씩 다르지만

루딴(滷蛋)
로송(肉鬆)
요우티아오(油條)

세 가지는 기본 베이스!

대만식 반찬들이
모조리 들어가
짭짤 고소 바삭함을
한 번에 느낄 수 있음

별다른 포장 없이
봉지에 툭 넣어주심

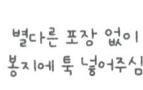

힙하다.. 힙해

아침에
판투안 베어 물며
길거리를 걸어 다니면
현지인 체험 가능

Map

구글맵에 판투안(飯糰)을 검색하고 영업 시간을 꼭 확인한 다음 방문해 주세요.

웨이딘 안허(味鼎安和)

📍 No. 15, Alley 29, Lane 127, Section 1, Anhe Rd, Da'an District, Taipei City, 106

판투안빠(飯糰霸)

📍 No. 2, Xuchang St, Zhongzheng District, Taipei City, 100

완번완(丸本丸)

📍 103, Taipei City, Datong District, Section 1, Chongqing N Rd, 62之19號

러링 또우장(樂陵豆漿)

📍 106, Taipei City, Da'an District, Lane 51, Section 1, Da'an Rd, 21號三角窗

Memo

판투안 전문점은 대부분 포장 전용이라 앉아서 먹을 수 있는 공간이 따로 마련되어 있지 않습니다. 포장 후 호텔에서 드시거나 주변 공원에서 드시는 것이 가장 좋아요.

흑미 판투안

✕ 메뉴명
흑미 판투안(烏青飯糰)

📍 판매처
완번완(丸本丸)

💰 가격
참치 옥수수 흑미 판투안 65元

대만의 아침 식사 풍경

우리나라는 집에서 아침밥을 차려 먹는 편이지만 대만은 그렇지 않아요. 대만은 집안에서 요리해 먹기보다는 밖에서 간단하게 음식을 사 먹는 경우가 많습니다. 그래서인지 아침 외식 문화가 발달해 있어요. 아침이 되면 아침 식사를 사기 위해 삼삼오오 모여 줄 서는 풍경을 흔하게 볼 수 있습니다. 대만의 아침 단골 메뉴 중 하나인 판투안을 파는 가게를 소개해 드릴게요.

작명 센스에 감탄이 저절로 나오는

〈완번완〉은 흑미밥으로 판투안을 만들어 겉이 어두운 보랏빛입니다. 속 재료는 참치, 오리고기, 치즈 등 다양한 토핑을 넣어 판매하고 있어요. 가게는 타이베이메인역 근처에 있어 관광객이 방문하기도 좋답니다. 가게 메뉴판을 자세히 살펴보면 판투안飯糰 글자 앞에 '멍이 들었다'는 뜻의 우칭烏青(대만어)이 쓰여 있어요. 흑미밥 판투안이 보랏빛인 점을 유머러스하게 '멍든 주먹밥'이라고 표현한 건데요. 사장님의 작명 센스를 엿볼 수 있는 것 같아요.

현지인이 판투안을 잔뜩 사기도 하고 사장님 혼자 일하다 보니 대기 시간이 필요한 편입니다. 그러나 통유리창 너머로 보이는 사장님의 현란한 손놀림을 구경하다 보면 어느새 시간이 금방 지나갈 거예요.

추천하고 싶은 메뉴는 '참치 옥수수 흑미 판투안鮪魚玉米烏青飯糰'입니다. 판투안 속에 참치와 옥수수가 같이 들어가는 건 흔한 일이 아니라 신기해서 한번 먹어 보았어요. 소름이 돋을 정도로 맛이 풍부해 깜짝 놀랐던 기억이 있습니다. 맛도 식감도 풍부하고 한입에 여러 가지 대만식 반찬을 즐길 수 있어 모두가 알았으면 하는 아침 메뉴입니다.

송차이 툰

참치 옥수수 흑미 판투안 맛집

대만 사람들의 아침 단골 메뉴 판투안(飯糰)

기차를 타러 가는 길에 찾은 타이베이메인역 판투안 맛집

가게마다 재료가 달라 판투안 색깔이 조금씩 다른데

아침 시간부터 판투안을 사려는 사람들로 붐비는 곳이에요

이곳은 흑미를 사용한 보랏빛 판투안이라 메뉴 이름도 '멍든 판투안'입니다 재미있죠?

대기시간이 있을 수 있지만 기다리는 동안

유리창 너머로 판투안 만드는 사장님을 구경하면 시간이 잘 가요

참치, 옥수수, 대만식 반찬이 가득한 '참치 옥수수 흑미 판투안'을 추천합니다

Map

완번완(丸本丸)

📍 103, Taipei City, Datong District, Section 1, Chongqing N Rd, 62之19號

Memo

'오리고기 흑미 판투안鴨賞烏青飯糰'도 다른 판투안 가게에서는 보기 힘든 특별한 메뉴지만 향신료 향이 조금 있는 편이에요. 향에 예민한 사람들은 오리고기 판투안보다 참치 옥수수 판투안을 추천합니다. 향신료 향에 민감하지 않다면 오리고기 판투안도 추천해 드려요! 특별한 맛이라 기억에 오래 남는 판투안 중 하나예요.

추천 메뉴

鮪魚玉米烏青飯糰 / 참치 옥수수 흑미 판투안

매쉬드 포테이토 딴삥

✖ **메뉴명**
슈니 딴삥(薯泥蛋餅)

📍 **판매처**
츄아 브런치(Chu-A Brunch)

💰 **가격**
80~85元, 토핑마다 상이

대학생들만 아는 찐맛집

한국에서는 아침을 챙겨 먹은 적이 손꼽을 정도로 적지만, 대만에서는 아침 식사 문화에 익숙해져 아침을 먹지 않으면 몸이 근질거리게 되었어요. 대만 친구보다 더 열심히 아침을 먹으러 다니며 딴삥 맛집을 찾아다녔는데요. 그러다 우연히 대만대학교 근처에 있는 작은 가게에서 인생 딴삥을 만나게 되었습니다. 푸릇푸릇한 나무 사이에 숨어있는 이곳은 비몽사몽인 채 슬리퍼를 끌고 나온 대학생들로 가득합니다. 사장님이 언제나 친절하고 따뜻하게 대해 주셔서 갈 때마다 기분이 좋아져요.

현지인처럼 나만의 딴삥 만들기

딴삥은 대만 어디에서나 볼 수 있는 흔한 메뉴라 어디를 가도 메뉴가 비슷하지만, 이곳은 다른 가게에서 쉽게 찾아볼 수 없는 매쉬드 포테이토 딴삥을 판매하고 있습니다. 딴삥 속에 포슬포슬한 감자로 만든 매쉬드 포테이토를 가득 넣어 노릇하게 구워 주는데요. 녹진하면서도 고소함이 가득 배 있어 첫입부터 마지막 입까지 미소가 지워지지 않습니다. 매쉬드 포테이토만 들어있는 기본 매쉬드 포테이토 딴삥도 맛있지만 무언가를 추가해서 먹는 걸 더 좋아해서요. 부드러운 식감의 감자와 잘 어울리는 톡톡 터지는 옥수수를 더하고 고소한 치즈와 짭조름한 베이컨까지 추가하면 완벽한 식감과 맛의 밸런스를 가진 나만의 딴삥이 탄생한답니다.

딴삥을 주문하면 용기 옆에 걸쭉하고 반짝거리는 갈색 소스를 뿌려주는데 이것이 딴삥을 찍어 먹는 장요우까오醬油膏라는 소스입니다. 짭짤함과 달콤함이 강한 소스라 처음엔 어색할 수 있지만, 계속해서 먹다 보면 장요우까오만큼 딴삥과 완벽한 궁합을 자랑하는 소스는 없어요. 조금씩 찍어서 같이 먹기를 바랍니다. 사촌 동생은 처음부터 이 소스를 너무 좋아해서 리필까지 해 싹싹 긁어 먹었답니다.

▌송차이 툰

매쉬드 포테이토 딴삥

대만 사람들보다 더 딴삥에 진심인 수상한 외국인(=나)

딴삥 맛집을
찾아다니며
다양한 딴삥을
먹어 봤는데요

쉽게 볼 수 있는
흔한 아침 메뉴라
어디를 가도 대부분
비슷한 맛이지만

대만대학교 근처
한 가게에서
인생 딴삥을
만나버렸어요

여기선
특별한 메뉴인
매쉬드 포테이토 딴삥을
먹어볼 수 있어요

부드럽고 달콤한
매쉬드 포테이토와
딴삥의 조합은
말해 뭐해..

여기서 아침 먹고
대만대학교 구경해 주면 완벽!

짭조롬한 베이컨과
치즈를 추가하면
앞자리 현지인보다
알찬 아침 식사 가능

Map

츄아 브런치(Chu-A Brunch)

📍 No. 72-5, Section 3, Xinsheng S Rd, Da'an District, Taipei City, 106

Memo

추천 메뉴

薯泥蛋餅 / 매쉬드 포테이토 딴뼁
加 起司, 培根, 玉米 / 치즈, 베이컨, 옥수수 추가
冰茉香綠茶 / 아이스 무설탕 녹차
冰香濃豆漿 / 아이스 또우장

루라오뼁과 해시 브라운 딴뼁

✕ 메뉴명
루라오뼁(乳酪餅)

📍 판매처
메이하오메이 콰이찬(美好美快餐)

💰 가격
40~45元, 메뉴마다 상이

어수선해서 더 좋은 아침 식사 전문점

현지인들의 사랑을 듬뿍 받는 아침 식사 전문점, 〈메이하오메이 콰이찬〉을 소개합니다. 아침 식사 전문점은 어수선한 분위기 속에서 다른 사람과 합석해 가며, 길가에 마련된 테이블에서 먹는 특유의 분위기가 매력이라 생각하는데요. 그 모든 조건을 갖추고 있는 가게랍니다. 타이베이메인역 쪽에 있어 근처를 숙소로 잡은 사람들이 방문하기 좋을 것 같아요. 가게로 들어서면 바쁘게 주문을 받고 있는 사장님이 있을 거예요. 사장님에게 한글 메뉴판을 요청하면 됩니다. 메뉴판에 원하는 메뉴를 표시해 건네면 자리로 음식을 가져다줍니다. 계산은 후불이고 현금 결제만 가능하니 기억해 주세요.

추천하고 싶은 메뉴는 크게 두 가지인데요. 루라오뼁과 딴뼁입니다. 루라오뼁은 아래에 넓적한 페이스트리를, 위에 식빵을 포개고 반으로 접어 만든 음식이에요. 다른 곳에서 좀처럼 보기 힘든 메뉴지요. 딴뼁은 전병과 달걀에 원하는 토핑을 넣고 돌돌 만 대만의 대표적인 아침 식사입니다.

낯선 비주얼의 루라오삥

다른 가게에서는 잘 볼 수 없는 이곳만의 특별한 아침 메뉴인 루라오삥도 꼭 먹어야 하는 메뉴 중 하나입니다. 빵 한쪽을 바삭하고 달콤한 페이스트리로 바꾸었을 뿐인데 맛은 배가 되는 신기한 메뉴예요. 그중 '베이컨 루라오삥培根乳酪餅'은 꼭 먹어 봐야 합니다. 식빵, 페이스트리, 양상추, 달걀, 달콤한 소스 그리고 포인트인 짭조름한 베이컨까지 정말 맛있어요.

케첩 듬뿍 해시 브라운 딴삥

다양한 종류의 딴삥이 있지만, 갈 때마다 꼭 주문하는 건 해시 브라운 딴삥薯餅蛋餅이에요. 감자를 으깨어 튀긴 해시 브라운을 전병과 달걀 사이에 넣고 돌돌 말아 케첩에 찍어 먹으면 완벽하답니다. 케첩은 메뉴판에 따로 없어서 사장님에게 직접 요청해야 해요. 치즈를 좋아한다면 해시 브라운 딴삥에 치즈를 추가하는 것도 좋아요. 가게에 앉아 아침 식사 전문점만의 복작복작한 분위기를 느껴보는 것도 좋고 포장해 바로 맞은편에 있는 얼얼바 평화공원 벤치에 앉아 여유로운 아침 식사를 즐기는 것도 좋아요.

송차이 툰

루라오삥과 해시 브라운 딴삥

감성 가득한 대만의 아침 메뉴는 바로 이것!

아침 식사 겸
도시락 가게로
운영되는 곳으로

루라오삥은
페이스트리 파이를
깔고 다양한 재료를
가득 넣은 후

특별한 메뉴가
있기 때문에
이곳을 좋아해요

식빵으로 덮어
반으로 접은
대만 감성
샌드위치랍니다

또 다른 추천 메뉴는 딴삥과 또우장!

해시 브라운과
치즈를 전병에
노릇하게 구워
케첩에 찍어먹는
해시 브라운 딴삥과

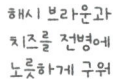
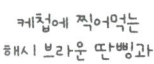

아침에
꼭 마셔줘야 하는
대만식 두유
또우장으로 마무리

가게 안의 복작복작한 분위기 덕분에
이 시간이 더욱 낭만적!

Map

메이하오메이 콰이찬(美好美快餐)

📍 No. 74, Huaining St, Zhongzheng District, Taipei City, 100

Memo

오전 10시 30분까지는 아침 식사 전문점으로, 그 이후는 도시락 가게로 운영되는 곳입니다. 아침 메뉴를 먹고 싶다면 오전 10시 30분 이전에 가서 주문하는 것을 추천해 드립니다.

쩐퐝 숯불 토스트

✘ **메뉴명**
탄카오 투쓰(碳烤吐司)

📍 **판매처**
쩐퐝(真芳)

💰 **가격**
40~110元, 메뉴마다 상이

기분 좋게 아침을 시작할 수 있는 곳

〈쩐퐝〉은 숯불에 식빵을 구워 토스트를 만드는 곳으로 유명한 프랜차이즈입니다. 다른 아침 식사 가게들과 다르게 깔끔하고 따뜻한 분위기의 인테리어가 특징이에요. 힘찬 목소리로 반갑게 맞이하는 사장님과 가게 한편에 마련된 주방에서 열심히 식빵을 굽고 있는 직원들 모습까지, 분주하면서도 활기찬 대만의 아침을 그대로 느낄 수 있어요.

숯불 향을 머금은 토스트

다른 아침 식사 전문점에 비해 대학생과 직장인의 비율이 높은 곳으로 대만 사람들 사이에서도 숯불 토스트로 유명해요. 토스트 전문점답게 다양한 토스트가 있지만, 가장 추천하는 메뉴는 '돼지고기 달걀 치즈 숯불 토스트豬肉蛋起司'입니다. 석쇠 자국이 그대로 난, 숯불 향 가득 머금은 식빵 사이 달걀과 대만식 고기 패티 그리고 달콤한 소스의 조합은 맛이 없을 수가 없어요. 토스트만 먹긴 섭섭하니 홍차에 우유를 섞은 홍차우유紅茶牛奶도 추천합니다. 우유보다 홍차를 더 많이 넣어 일반 밀크티보다 가볍고 깔끔해요.

처음 방문하는 음식점에서 식사를 주문할 때 주변 테이블 사람들이 어떤 메뉴를 시키는지 스캔하는 게 제 습관입니다. 돼지고기 달걀 치즈 숯불 토스트와 홍차 우유 조합도 양옆의 현지인들이 똑같이 시키길래 '두 메뉴가 현지인 픽이구나!' 싶어서 따라 주문한 메뉴예요. 너무 맛있어서 그들에게 감사의 인사를 전하고 싶었어요. 대만의 아침을 쩐꽝의 숯불 토스트와 함께 맞이해 보세요. 잊을 수 없는 달콤한 아침이 될 거예요.

송차이 툰

숯불 토스트로 아침을!

숯불 토스트로 유명한 아침 식사 전문점, 쩐팡(真芳)

체인점이라
타이베이 어디서든
쉽게 만날 수 있음

추천하는 메뉴는 아래와 같아요

돼지고기 달걀
치즈 숯불 토스트

: 달걀, 고기, 치즈,
달콤한 소스까지

숯불에 식빵을
아주 맛깔나게
구워주기로 유명한 곳

홍차 우유

: 아침에도 부담 없는
가벼운 밀크티

두툼한 식빵을
석쇠 위에서
노릇하게 구워

아침을 숯불 토스트와 함께
시작해 보세요!

입안 가득 느껴지는
숯불 향과 달짝지근함

Map

쩐팡

신의점(真芳碳烤吐司 信義店)

📍 No. 17, Alley 16, Lane 559, Section 4, Zhongxiao E Rd, Xinyi District, Taipei City, 110

장안점(真芳碳烤吐司 長安店)

📍 No. 19, Section 1, Chang'an E Rd, Zhongshan District, Taipei City, 104

원산점(真芳碳烤吐司 圓山店)

📍 No. 17, Jiuquan St, Datong District, Taipei City, 103

Memo

추천 메뉴

豬肉蛋起司 / 돼지고기 달걀 치즈 숯불 토스트

起司起司蛋 / 더블 치즈 달걀 숯불 토스트

花生花生 / 땅콩버터 숯불 토스트

煉乳起司 / 연유 치즈 숯불 토스트

真芳三明治 / 시그니처 숯불 토스트

紅茶牛奶 / 홍차 우유

冷泡紅茶 / 무설탕 홍차

난이도
★

아침 식사 전문점

참치샐러드 딴삥

✕ **메뉴명**
웨이위 사라 딴삥(鮪魚沙拉蛋餅)

◉ **판매처**
푸얼쌍씽(福洱商行)

🛍 **가격**
참치샐러드 딴삥 60元

동네 주민들의 맛집

　아침 식사 전문점인 〈푸얼쌍씽〉은 '메뉴의 다양함'과 '깔끔한 내부'가 특징인 곳입니다. 아침 7시부터 오후 3시까지 운영하는 곳으로 관광객이 많이 찾는 곳과는 조금 떨어져 있는, 동네 주민들이 주로 찾는 가게입니다. 보통 40~50대 사장님들이 운영하는 아침 식사 전문점과 달리 푸얼쌍씽은 젊은 사장님들이 깔끔한 오픈형 주방에서 아침을 만들어 주는 트렌디한 곳이에요. 가격도 저렴한데다 딴삥부터 토스트, 무떡(무를 갈아 사각형 모양으로 만든 후 바삭하게 구운 대만 음식), 전병, 동과 레몬차, 또우장 홍차 등 다양한 메뉴와 음료가 준비되어 있어요.

기름기 없는 담백함으로 승부를 보다

딴빙은 기름에 구워 겉이 반질반질하면서도 쫄깃한 경우가 대부분인데요. 이곳의 딴빙은 기름 없이 담백하고 바삭하다는 점이 특징입니다. 가장 추천하고 싶은 메뉴는 '참치샐러드 딴빙鮪魚沙拉蛋餅'입니다. 바삭한 전병과 그 속에 가득 들어간 촉촉한 참치 샐러드의 조화는 찰떡궁합입니다. 참치의 고소하고 기름진 맛과 달짝지근한 마요네즈 그리고 아삭한 사과가 만나 최고의 맛을 만들어 냅니다.

주문 시 유의해 주세요

가게에 들어가서 먼저 자리를 잡은 후 테이블에 붙은 QR 코드를 스캔해 스마트폰으로 주문하는 방식이라 카운터에서는 주문을 잘 받지 않아요. 중국어로 가득한 주문 페이지를 이해하기 어려울 수 있으니 카운터에 양해를 구하고 직접 주문하는 것을 추천해요. "커이빵워 짜이쩌리 즐찌에 디엔찬마?可以幫我在這裡直接點餐嗎?, 여기서 직접 주문해도 될까요?" 라고 말하며 양해를 구한다면 친절하게 도와줄 테니 걱정 말고 방문해 보세요.

송차이 툰

담백파 모여라, 딴삥 맛집

담백함의 최고치를 찍은 딴삥을 파는 아침 식사 전문점

대만 현지 음식을
느껴보고 싶다면
권하고 싶은
음식점이자

이곳의 딴삥은
기름기가 없어
고소하고 담백해요

담백하고 바삭한
딴삥을 기깔나게
만들어주는 곳

그중 가장
생각나는 건
참치 샐러드 딴삥

참치, 사과, 마요네즈를 황금비율로 버무려

전병 위로 푸짐히
올리고 돌돌 말아
노릇하게 구워주심

딴삥, 샌드위치,
또우장 등
없는 게 없는
아침 식사 전문점

알람 맞춰놓고
아침에 일어나
가서 먹고 올 만큼
엄청 맛있었던 딴삥

다양한 아침 메뉴가
준비되어 있으니
고민 말고 출발!

306

Map

푸얼쌍씽 송장난징점(福洱商行 松江南京店)

📍 No. 8, Lane 52, Yitong St, Zhongshan District, Taipei City, 104

Memo

젊은 사장님들이 운영하는 가게라 내부가 아주 깔끔하고 트렌디한 아침 메뉴를 모두 맛볼 수 있어요. 몇 가지 메뉴를 추천해 드리겠습니다.

추천 메뉴

鮪魚沙拉蛋餅 / 참치샐러드 딴삥 → 脆皮 / 바삭하게

肉鬆蛋吐司 / 로송 달걀 토스트

香煎蘿蔔糕 / 대만식 무떡

芋泥麻糬煎餅 / 타로 모찌 전병

冬瓜檸檬 / 동과 레몬차 → 微冰 / 얼음 25%

冰豆漿紅茶 / 아이스 또우장 홍차

난이도 ★

시그니처 판투안

✗ **메뉴명**
짜오파이 종후이 판투안(招牌總匯飯糰)

📍 **판매처**
판투안빠(飯糰霸)

💰 **가격**
시그니처 판투안 55元

아침 식사 전문점

직장인들의 아침 식사 가게

기차 여행을 가는 날 지나게 된 타이베이메인역 근처에서 취향에 꼭 맞는 판투안 가게를 발견했습니다. 고속철도, 일반 철도, 공항 철도 그리고 지하철까지 모든 열차가 지나다니는 타이베이메인역 근처이니 관광객에게 접근성이 좋을 것 같아 소개해 보려고 해요.

관광객에게 알려진 곳이 아니라 외국인보다는 아침을 사서 지하철을 타고 출근하는 직장인들이 많은 곳입니다. 아침 출근 시간에 판투안을 구매하려는 직장인들이 길게 줄을 서서 기다리고 있어요. 주문을 받는 즉

시, 가게 안에서 여러 명의 직원이 판투안을 빠르게 만들기 때문에 회전율은 걱정하지 않아도 됩니다. 눈앞에서 펼쳐지는 판투안 쇼를 구경하다 보면 입안에 침이 가득 고여요.

시그니처인 데는 이유가 있다

가장 추천하고 싶은 메뉴는 '시그니처 판투안招牌總匯飯糰'입니다. 피딴(삭힌 오리알), 로송(고깃가루), 요우티아오(튀긴 빵), 참치, 마요네즈, 말린 무조림이 들어가요. 감칠맛이 폭발하는 대만식 반찬이 가득가득 들어있습니다. 바삭한 식감의 요우티아오와 고소하고 부드러운 맛을 담당하는 참치, 마요네즈까지 밥도둑이 다 모여 있어요. 게다가 함께 판매하고 있는 또우장도 정말 달아서 같이 마셔 주면 로컬 감성이 가득한 대만식 아침 한 끼를 제대로 경험해 볼 수 있어요. 타이베이메인역 근처에 머문다면 시그니처 판투안을 포장해 호텔이나 근처 공원에서 먹어 보길 추천해 드립니다.

송차이 툰

타이베이메인역 시그니처 판투안

위홀 초창기부터 지금까지 판투안 맛집을 찾아다녔어요

드디어 자신 있게
소개할 수 있는
판투안 맛집 발견

타이베이메인역
M8번 출구 근처의
〈판투안빠〉라는
작은 노점!

여행객이 많은
타이베이메인역
근처인 것까지
완벽해요

주문하는 동시에
눈앞에서
바로 만들어 주는
가게

속 재료만 6가지라
양도 엄청나고
밥도 아주 찰져요

현지인 가득한
로컬 맛집에서
맞이하는 아침..
완벽 그 자체

시그니처 판투안
: 속에는 참치,
마요네즈, 말린 무조림,
피딴, 빵 튀김,
로송이 들어가요

함께 판매하는
대만식 두유 또우장도
같이 사서 마셔주면
대만 감성 가득!

Map

판투안빠(飯糰霸)

📍 No. 2, Xuchang St, Zhongzheng District, Taipei City, 100

타이난
치즈 폭포 딴뻥

✗ **메뉴명**
딴뻥(蛋餅)

📍 **판매처**
투스투스 아침 식사 전문점
(吐司吐司 早餐專賣店)

💰 **가격**
매쉬드 포테이토 치즈 딴뻥
80元

타이난이라는 곳은

　대만의 남쪽에 위치한 타이난台南은 과거 대만의 수도이자 미식의 도시로 잘 알려져 있어요. 한국으로 치면 역사의 도시인 경주와 음식의 도시인 전주가 합쳐진 느낌이겠죠. 타이난은 외국인보다 대만 사람이 주로 놀러 가는 지역이에요. 교통이나 인프라가 잘 갖춰지지 않아 외국인 관광객이 여행하기 쉽지 않지만, 대만의 옛 모습부터 숨은 매력까지 모두 볼 수 있어 계속해서 찾게 되는 도시랍니다. 남들이 가는 똑같은 코스보다 현지인이 선호하는 여행지를 방문하고 싶다면 미식의 도시인 타이난으로 오세요.

치즈가 폭포처럼 흘러내리는

미식의 도시답게 타이난 딴삥은 기존에 볼 수 없었던 압도적인 비주얼을 자랑하는데요. 타이난 여행을 계획하는 사람 중에서 치즈를 좋아하는 사람이 있다면 꼭 〈투스투스 아침 식사 전문점〉에서 아침을 드세요. 원래 토스트를 주력 메뉴로 판매하는 토스트 전문점인데요. 치즈가 폭포처럼 흘러내리는 딴삥으로 더욱 유명해졌습니다. 딴삥은 대만 아침 식사 전문점의 기본 메뉴지만 이렇게 치즈가 흘러내리는 딴삥은 찾아보기 힘들거든요.

기본 치즈 딴삥도 좋고 한 단계 더 업그레이드 된 매쉬드 포테이토 치즈 딴삥도 추천해요. 고소한 매쉬드 포테이토와 모차렐라 치즈가 만나 세상에서 가장 부드러운 딴삥이 탄생한답니다. 다른 가게의 딴삥보다 두께도 양도 두 배이기 때문에 두 명이서 딴삥 한 개만 먹어도 충분합니다. 또 우장 또는 참깨 또우장도 딴삥과 잘 어울리니 함께 주문해 보세요. 완벽한 타이난의 아침 시간이 될 거예요.

송차이 툰

타이난 치즈 폭포 딴빙

대만 남쪽 도시인 타이난의 남다른 딴빙!

대만 사람들 사이에서도 음식에 진심인 도시로 유명한 타이난(台南)

토스트를 전문으로 하는 아침 식사 가게지만

흘러넘칠 듯한 치즈의 비주얼로 유명해진 곳

타이난에서 완벽한 아침을 드실 수 있도록 안내할게요

딴빙을 수도 없이 먹어봤는데 이런 비주얼은 처음이었어요

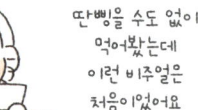

여기서 한 단계 더 업그레이드 하는 법

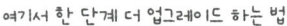

매쉬드 포테이토가 가득 든 딴빙에 치즈를 추가하면

타이난 사람들 부럽다.. 치즈 폭포 딴빙 먹을 수 있어서

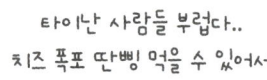

대만의 포근함을 느낄 수 있는 인생 딴빙 완성

Map

투스투스 아침 식사 전문점(吐司吐司早餐專賣店)

📍 No. 348, Section 1, Jiankang Rd, West Central District, Tainan City, 700

Memo

추천 메뉴

薯泥起司蛋餅 / 매쉬드 포테이토 치즈 딴삥

玉米蛋餅+加起司 / 옥수수 딴삥에 치즈 추가

冰豆漿 / 아이스 또우장

冰芝麻豆漿 / 아이스 참깨 또우장

6
여행 선물 리스트

여러분의 소중한 사람들에게, 대만이 그리워질 미래의 나 자신에게 대만 간식을 선물해 보세요. 오로지 대만에서만 구할 수 있는 간식들입니다. 여행의 기억과 함께 짐가방에 차곡차곡 담아 가세요. 한국에서 대만이 그리워질 때마다 하나씩 꺼내 먹으면 그때의 추억과 분위기가 떠오를 거예요.

치아더 펑리수

✖ **메뉴명**
펑리수(鳳梨酥)

📍 **판매처**
치아더(佳德)

🛒 **가격**
개당 34元

대만 현지인들도 웨이팅하는 곳

대만 펑리수하면 빼놓을 수 없는 치아더 펑리수입니다. 치아더는 관광객뿐만 아니라 현지인에게도 아주 유명한 곳인데요. 그래서 명절이나 연말이 다가오면 매장 앞에 문이 열리기 전부터 줄을 서서 기다리는 사람들을 자주 볼 수 있어요. 다른 펑리수 가게들은 관광객이 많은 편인데, 치아더는 관광객과 현지인의 비율이 반반일 정도로 모든 사람에게 인기가 많은 곳이랍니다.

치아더 펑리수의 특징은 파인애플 이외에도 호두, 크랜베리, 멜론 등 다양한 재료를 넣어 만든 상품이 많다는 것인데요. 하나씩 다 먹어본 결과 역시나 오리지널인 파인애플 펑리수가 가장 맛있었어요. 한입 베어 물면 포슬포슬한 식감과 연한 버터 향이 확 느껴진답니다. 지금까지 먹어

본 펑리수 중 겉이 가장 촉촉하고 부드러웠어요. 재료들의 조화를 중요하게 생각하는 듯한 그런 맛이었습니다.

편하게 골라 담는 펑리수

매장에 입장하면 빵집처럼 쟁반에 원하는 상품을 담으면 되는데요. 펑리수는 매대 아래에 놓인 선물 상자를 들고 원하는 펑리수를 직접 골라 담으면 된답니다. 작은 상자 기준으로 6개의 펑리수를 담을 수 있어요. 큰 상자도 있으니 계산할 때 요청하거나 매장 입구에 비치된 종이 주문서를 작성하면 됩니다. 종이 주문서는 상자 단위로 구매하는 사람들을 위한 것으로 체크하고 계산대로 가서 보여주면 바로 포장해 줍니다. 4000元(한화 약 17만 원) 이상 구매하는 사람은 바로 수하물로 부칠 수 있게 무료 포장 서비스도 제공하고 있으니 계산할 때 요청하면 됩니다.

늦게 방문하면 일부 메뉴가 품절될 수 있어요. 펑리수는 언제든 구매가 가능하지만 대만 사람들에게 인기가 많은 타이양삥太陽餠, 라오포삥老婆餠, 마슈삥麻糬餠 같은 메뉴는 아침 일찍부터 기다렸다가 구매하는 걸 추천해 드립니다.

송차이 툰

치아더 펑리수

현지인이 너무나도 사랑하는 펑리수 맛집

대만 펑리수하면
빼놓을 수 없는
치아더 펑리수!

가장 유명한
파인애플 펑리수는
포슬포슬한 식감과
은은한 버터 향이 찰떡

관광객은 물론
현지인에게도
인기 폭발
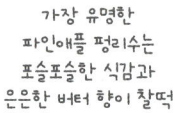

결이 살아있는
파인애플 과육이
조화롭게 잘 어울림!

[소량 구매할 경우]
원하는 만큼
낱개 포장 상품들을
골라 담은 후 계산

[대량 구매할 경우]
가게 입구에 있는
종이 주문서에
수량 체크 후 계산

파인애플 펑리수 외
다양한 빵도 궁금하다면
오픈런 필수!

Map

치아더(佳德)

📍 No. 88, Section 5, Nanjing E Rd, Songshan District, Taipei City, 105

Memo

치아더는 재료가 잘 어우러져 조화로운 맛이고 써니힐은 과일 맛과 버터 향이 모두 강한 편입니다. 은은하고 조화로운 맛을 원한다면 치아더 펑리수가 더 나은 선택일 거예요.

차이더 펑리수   써니힐 펑리수

쥬에린 에그롤

✗ **메뉴명**
삥신딴쥔(水心蛋捲)

📍 **판매처**
쥬에린(Juelin)

💰 **가격**
한 상자 390元

지갑이 저절로 열리는 에그롤

가장 맛있는 에그롤을 살 수 있는 곳 〈쥬에린〉을 소개합니다. 이곳은 대만 타이베이 내에 두 개 지점이 운영되고 있어요. 그중 관광 필수코스인 융캉제와 가까운 지점은 접근성이 좋아 방문하기 편합니다. 카페, 기념품 상점이 줄지어 있는 융캉제 거리는 사람들로 항상 북적이는 곳인데요. 쥬에린은 비교적 한산한 골목 안쪽에 있는 숨겨진 보석 같은 곳입니다. 골목골목을 기웃거리다 가게 사장님과 눈이 마주쳐 홀린 듯 들어가게 되었답니다.

얼그레이, 크림, 땅콩, 참깨, 초콜릿 이렇게 다섯 가지 에그롤이 있는데요. 모두 시식해 본 후 구매할 수 있으니 고민 말고 방문해 마음에 드는 에그롤을 골라 보세요. 특히 융캉제점 사장님은 정말 친절해서 손에 계속 시식용 에그롤을 올려준답니다. 아무 생각 없이 받아먹다 보면 쥬에린 에그롤의 매력에 바로 빠져 버릴 거예요. 당시 얼그레이 에그롤에 반해 그 자리에서 지갑을 열고 왕창 샀던 기억이 있어요.

에그롤 장인의 맛

쥬에린은 50년이라는 시간에 걸쳐 2대째 이어오는 수제 에그롤 가게인데요. 사장님의 에그롤 만드는 실력이 정말 심상치 않습니다. 마트와 편의점의 에그롤은 물론이고 다른 가게의 에그롤도 많이 먹어봤지만, 이렇게 부드러우면서 동시에 바삭한 식감의 에그롤은 처음이었어요. 보통 에그롤과 다르게 속에 필링이 들었기 때문에 얼려도, 그냥 먹어도 모두 맛있답니다. 친절한 사장님과 정성이 들어간 수제 에그롤 그리고 알찬 필링까지 모든 게 완벽했던 쥬에린 에그롤입니다.

▌송차이 툰

살살 녹는 쥬에린 에그롤

50년 전통 장인 정신이 가득 수제 에그롤을 소개합니다

한입 먹는 순간
여기가 바로
에그롤 원탑이다
생각했던 곳

부드럽고 바삭한
에그롤 속엔

다양한 맛의
크림이 가득 들었어요

대만 여행자의
필수 코스,
융캉제에 위치해
접근성까지 완벽

얼그레이, 크림,
땅콩, 참깨, 초콜릿
다섯 가지 종류

에그롤의 식감이
정말 신기해요

어떻게 바삭한데
부드러울 수가 있죠

취향을 저격한 건
얼그레이 에그롤

얼려 먹어도
맛있지만

그냥 먹을 때
가장 고급스러운 맛

Map

쥬에린

융캉제점(爵林堅果 永康店)
📍 No. 10, Lane 6, Yongkang St, Da'an District, Taipei City, 106

디화제점(爵林堅果坊)
📍 No. 89, Section 1, Dihua St, Datong District, Taipei City, 103

써니힐 펑리수

✘ **메뉴명**
펑리수(鳳梨酥)

📍 **판매처**
써니힐(微熱山丘)

🛍 **가격**
2개입 100元, 6개입 300元, 10개입 500元

퀄리티가 다른 써니힐

펑리수는 레시피와 과일의 종류 그리고 과일의 신선도와 품질에 따라 맛과 퀄리티가 달라지는 게 특징이에요. 브랜드마다 각자의 레시피와 특징이 뚜렷해 다양한 펑리수를 맛볼 수 있답니다. 수많은 펑리수 브랜드 중에서도 가장 좋아하는 곳은 써니힐인데요. 다른 펑리수 가게와 다르게 펑리수 크기가 아주 크고 묵직하며 속에 든 과일의 식감을 그대로 살렸습니다. 펑리수는 대개 과일 맛 잼을 넣고 만들어 과육이 씹히지 않는데, 써니힐 펑리수는 과육을 그대로 넣어 과일의 맛을 온전히 느낄 수 있어요.

과육이 살아있는 써니힐 펑리수

　써니힐의 스테디셀러인 파인애플 펑리수는 우리에게 잘 알려진 대만 기념품 중 하나입니다. 써니힐의 파인애플 펑리수는 고소한 버터 향과 달콤한 파인애플 과육이 무척이나 잘 어울려 누구나 좋아하는 맛이에요. 또 당도가 높은 파인애플 과육이 그대로 씹혀 자연의 단맛이 고스란히 느껴집니다. 보통 펑리수는 버터 향이나 파인애플 맛이 너무 강해 전체적으로 달기만 한 경우가 많은데, 써니힐 파인애플 펑리수는 두 가지가 잘 어우러져 조화를 이루며 깔끔한 달콤함을 선물합니다.

　추천하는 써니힐 기념품은 한 상자 안에 두 개의 제품이 들어있는 미니 선물 세트입니다. 파인애플 펑리수, 사과 핑궈수 혹은 펑리수와 핑궈수 각각 1개씩 들어있는 종합 세트도 있으니 취향에 맞게 구매하면 좋을 것 같아요. 패키지도 귀엽고 크기도 적당해 여행 기념품으로 딱 적당합니다.

송차이 툰

써니힐의 파인애플 펑리수

써니힐의 스테디셀러 파인애플 펑리수를 소개합니다

써니힐의 스테디셀러, 파인애플 펑리수

대만 여행에서 빼놓을 수 없는 파인애플 파이 '펑리수(鳳梨酥)'

펑 리 수
鳳梨酥
파인애플 파이

버터의 풍미와 파인애플의 달콤함이 잘 어우러지는 맛

이미 관광객들 사이에서는 유명한 써니힐 펑리수

의외로 얌전하고 묵직한 맛이에요

타이베이 시내와 타오위안공항에 있어요

펑리수 2개입 펑리수+핑궈수 핑궈수 2개입
100元   110元   120元

본점에서는 따뜻한 차와 함께 시식도 가능!

두 개짜리 세트가 포장도 귀엽고 부피도 크지 않아 나눠 주기 좋음!

Map

써니힐

타이베이민생공원점(微熱山丘 台北民生公園門市)
본점만 매장 내 시식이 가능하고 나머지 지점은 구매만 가능합니다.

📍 105, Taipei City, Songshan District, Alley 4, Lane 36, Section 5, Minsheng E Rd, 1號1樓

타이베이101쇼핑센터점(微熱山丘 台北101購物中心To Go專櫃)

📍 110, Taipei City, Xinyi District, Section 5, Xinyi Rd, 7號 B1

타오위안공항 제 1터미널점(微熱山丘 桃園機場第一航廈To Go專櫃)

📍 337, Taoyuan City, Dayuan District, Hangzhan S Rd, No. 15

타오위안공항 제 2터미널점(微熱山丘 桃園機場第二航廈To Go專櫃)
써니힐 매장은 2층에 있어요.

📍 337, Taoyuan City, Dayuan District, Hangzhan S Rd, No. 9

써니힐 핑궈수

✕ **메뉴명**
핑궈수(蘋果酥)

📍 **판매처**
써니힐(微熱山丘)

🛒 **가격**
2개입 120元, 6개입 360元, 10개입 550元

평안을 선물하다

여행자들 사이에서는 대만 펑리수 가게로 유명한 써니힐. 다들 파인애플 펑리수가 대만의 대표 기념품이라 생각해 펑리수만 구매하는 경우가 많은데요. 조금 색다른 써니힐의 사과 핑궈수를 추천하고 싶어요. 핑궈수의 '핑궈蘋果'는 사과를 뜻해요. 사과는 중화권 국가에서 '평안'을 상징하는 과일로 아주 좋은 의미를 가진 과일 중 하나랍니다. 평안을 뜻하는 단어 '핑안平安'과 사과를 뜻하는 단어의 발음이 유사해 이와 같은 의미를 담게 되었어요. 이처럼 핑궈수는 축복하는 의미를 가진 사과로 만든, 써니힐만의 특별한 메뉴입니다. 누군가에게 선물할 때 숨은 의미도 함께 설명하며 전달하면 더욱 완벽할 것 같습니다.

고소한 버터 향과 속에 들어가는 재료가 좋기로 유명한 써니힐이죠. 핑궈수를 한입 베어 물면 써니힐이 왜 유명한지 바로 알아챌 수 있을 거예요. 겉에는 얇게 설탕 코팅 처리가 되어 있고 사과가 그대로 씹힐 만큼 과육이 덩어리로 들어가 있어요. 식감은 물론 새콤달콤한 사과의 맛을 잘 살려 고급스러운 맛을 낸답니다.

> 송차이 툰

써니힐의 사과 펑궈수

써니힐의 숨은 꿀템 사과 펑궈수(蘋果酥)를 소개합니다!

펑궈수에는 사과가 들어있어요!

펑 궈 수
蘋果酥
사 과   파 이

대만에서 사과는 '평안'을 상징하는 과일!

'평안'을 뜻하는 단어의 발음과

'사과'의 발음이 유사하기 때문

핑 안
平安

핑 궈
蘋果

특별한 기념품으로 추천하고 싶은 써니힐 펑궈수

선물할 때 의미까지 알려드리면 완벽

얇은 설탕 코팅과 아삭 몰캉한 사과 과육이 가득 들어감

사과의 맛을 제대로 살린 고급스럽고 깔끔한 맛

Map

써니힐

타이베이민생공원점(微熱山丘 台北民生公園門市)
본점만 매장 내 시식이 가능하고 나머지 지점은 구매만 가능합니다.

📍 105, Taipei City, Songshan District, Alley 4, Lane 36, Section 5, Minsheng E Rd, 1號1樓

타이베이101쇼핑센터점(微熱山丘 台北101購物中心To Go專櫃)

📍 110, Taipei City, Xinyi District, Section 5, Xinyi Rd, 7號 B1

타오위안공항 제 1터미널점(微熱山丘 桃園機場第一航廈To Go專櫃)

📍 337, Taoyuan City, Dayuan District, Hangzhan S Rd, No. 15

타오위안공항 제 2터미널점(微熱山丘 桃園機場第二航廈To Go專櫃)
써니힐 매장은 2층에 있어요.

📍 337, Taoyuan City, Dayuan District, Hangzhan S Rd, No. 9

이메이
미니 에그롤

✕ **메뉴명**
이메이 샤오딴줴(義美小蛋捲)

📍 **판매처**
패밀리마트, 세븐일레븐

💰 **가격**
한 상자 22元

고소한 달걀 향이 가득

대만의 국민 간식 중 하나인 에그롤蛋捲은 여행 기념품으로 아주 좋은데요. 모르는 사람이 없는 기본 중의 기본 간식이라 마트, 편의점은 물론 에그롤 전문점에서도 구매할 수 있어요. 달걀을 넣은 반죽을 얇게 구운 후 돌돌 말아 바삭해질 때까지 식혀주면 완성되는 대만의 에그롤. 달걀의 진하고 고소한 향, 바삭한 식감이라 누구나 좋아할 맛이에요. 단맛보다 고소함이 강해 음료와 곁들여 먹기에 아주 좋답니다.

장난감 같은 비주얼은 덤

　대만의 국민 과자 브랜드 '이메이義美'에서 만든 에그롤은 편의점과 마트에서 쉽게 구매할 수 있어서 기념품으로 추천해 드리고 싶어요. 종류와 크기가 다양하지만 그중에서도 편의점에서만 파는 한 손에 쏙 들어오는 귀여운 미니 에그롤을 추천해요. 장난감 같은 귀여운 느낌이 있으면서도 대만다운 디자인이라 선물로 최고랍니다. 한 상자 안에 짧고 통통한 사이즈의 에그롤이 다섯 개씩 들어있어요. 일반적인 에그롤은 미니 에그롤보다 두 배는 더 길어요. 얇고 바삭하기 때문에 큰 충격을 받으면 깨지기 쉽습니다. 여행 마지막 날 구매하거나 캐리어에 넣을 때 주의해 한국까지 잘 들고 갈 수 있길 바랄게요.

송차이 툰

편의점 이메이 미니 에그롤

바삭하고 고소한 달걀 향을 머금은 대만 국민 간식, 에그롤

달걀 반죽을 얇게 구운 다음 돌돌 말아 식혀주면 완성됩니다

이메이 에그롤은 편의점과 마트에서 쉽게 구매 가능한데요

기본에 충실한 고소 달콤한 맛이라 자꾸만 생각나는 매력을 가진 과자!

편의점에서만 파는 미니 사이즈 에그롤을 추천해 드립니다

바삭바삭한 과자를 한입 베어 물면 입안 가득 퍼지는 달걀의 고소함!

부피도 작고 가벼워서 선물용으로 딱이랍니다!

한 상자에 짤뚱한 에그롤이 다섯 개 차곡차곡 들어있어요

Map

구글맵에 패밀리마트(全家 혹은 Family Mart), 세븐일레븐(711)을 검색해 주세요.

태양당노점 태양병

✖ **메뉴명**
타이양삥(太陽餠)

📍 **판매처**
태양당노점(太陽堂老店)

💰 **가격**
꿀·오리지널·반반 6개입 250元(최소 구매 수량 6개)

맛잘알 대만 룸메 Pick

대학교 근처에 있는 셰어하우스에서 여러 친구와 함께 살고 있는데요. 옆방 대만 친구가 저만큼 맛있는 음식을 좋아하는 편입니다. 대만 음식 맛보는 걸 좋아하다 보니 친구가 회사 출장을 다녀올 때면 그 지역의 특산품이나 대만 음식을 챙겨와 나누어 주고는 했습니다. 덕분에 혼자라면 평생 몰랐을 신기한 대만 음식을 많이 맛볼 수 있었어요. 이번에 소개하는 태양병도 그중 하나예요.

 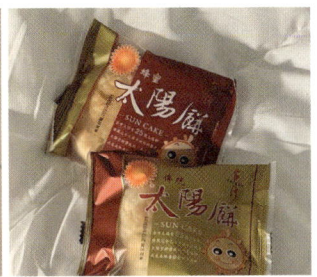

로컬 감성 가득한 기념품을 찾는다면

타이중의 명물로 대만 사람들에게 잘 알려진 태양병 과자는 '태양을 닮은 과자'라는 뜻의 이름처럼 동그랗고 노란 색깔을 띠고 있어요. 봉지를 열면 고소한 버터 향이 확 느껴지며 기분이 저절로 좋아집니다. 태양병은 맥아로 만든 달콤한 앙금을 여러 겹 쌓은 페이스트리 같은 전통 과자예요.

펑리수나 누가크래커가 주로 외국인들이 구매하는 관광 상품에 가깝다면 태양병은 현지인에게 더 유명한 로컬 간식입니다. 펑리수나 누가크래커만큼 유명하지 않아 기념품으로 태양병을 사 가면 다들 신기해하고 좋아하더라고요. 괜히 대만 고수가 된 것 같아 으쓱해집니다.

대만에 살면서 많은 종류의 태양병을 먹어봤지만, 태양병의 원조라고 할 수 있는 〈태양당노점〉의 태양병이 가장 맛있었어요. 태양당노점은 태양병에 들어가는 모든 재료를 손수 만들기 때문에 인기가 있답니다. 게다가 보통 태양병에 들어가는 앙금은 끈적거려 이에 달라붙기 쉬운 편인데, 태양당노점의 앙금은 부드러워 달라붙지 않습니다. 태양병은 오리지널 맛과 꿀맛이 있어요. 개인적으로 꿀맛을 강력히 추천합니다. 버터 풍미와 향긋한 꽃꿀 향이 만나 태양병의 매력을 최대치로 끌어올려 주거든요. 꿀맛 태양병이 얼른 유명해지길 바라는 1인입니다.

송차이 툰

타이베이역 꿀맛 태양병

셰어하우스에서 만난 대만 친구의 추천 간식

옆방 친구가 출장을 다녀오면서 태양병(太陽餅)을 선물로 줬어요

봉지를 열자마자 코끝을 간질이는 고소한 버터 향..

타이양 삥
太陽 餅
태양 과자

태양을 닮아 태양병이란 이름을 가지게 된 귀여운 빵!

태양처럼 동그랗고 노오란 귀여운 과자..

대만 기념품으로 태양병 한 상자 사 가면

많은 태양병을 먹었지만,

대만 고수로 인정받을 수 있음

<태양당노점>의 태양병이 젤 맛있어요

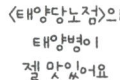

태양병은 현지인에게 더 유명한 로컬 느낌!

타이베이메인역 안 팝업 스토어에서도 구매할 수 있어요

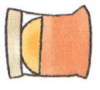

오리지널(傳統)　　꿀(蜂蜜)

태양당노점에서 판매하는 태양병은 두 가지!

향긋 달콤함으로
대만 사람들에게도
아주 유명한 꿀맛
태양병을 추천해 드려요!

Map

본점은 대만 중부에 있는 타이중에 있지만 타이베이메인역에도 팝업 스토어가 있어 구매할 수 있답니다.

태양당노점

자유로본점(太陽堂老店 自由路總店)

📍 No. 25, Section 2, Ziyou Rd, Central District, Taichung City, 400

타이베이메인역점(太陽堂老店 微風台北車站店)

📍 100, Taipei City, Zhongzheng District, Beiping W Rd, 3號1樓

Memo

태양병은 아주 얇은 페이스트리 같아 부서지기 쉽습니다. 구매할 때 부서지지 않도록 상자에 담아주니 그대로 캐리어에 넣어주세요. 대만 교통카드 요요카로도 결제할 수 있으니 대만 지원금을 사용할 곳을 찾는다면 여기로 오세요!

라뜰리에 루터스 누가크래커

✕ **메뉴명**
누가크래커(牛軋餅)

📍 **판매처**
라뜰리에 루터스(Latelier Lotus)

🛍 **가격**
한 상자(16개입) 200元

빠지면 섭섭한 누가크래커

대만 여행 기념품으로 유명한 누가크래커. 달걀 흰자에 시럽을 넣어 만든 누가는 쫀득하고 부드러운 식감과 달콤한 우유 향기가 특징입니다. 짭짤한 파 맛 크래커 사이에 누가를 넣는 대만식 누가크래커는 현지인보다 외국인, 특히 한국인에게 대만 여행 기념품으로 많은 사랑을 받고 있어요. 그중에서도 가장 구하기 어려운 최상의 난이도를 자랑하는 〈라뜰리에 루터스〉 누가크래커. 관광객이 많이 찾는 융캉제에 있어 접근성이 아주 좋지만 이곳의 누가크래커를 사기 위해서는 가게가 문을 열기 전부터 대기해야만 살 수 있어요. 가게 오픈 시간은 오전 8시 30분에서 9시 사이로 유동적이며, 아침 7시쯤 매장에 도착해 줄을 서야 여유롭게 구매할 수 있습니다.

그만 먹는 거? 그거 어떻게 하는 건데요

라뜰리에 루터스만의 비법이 들어간 누가는 치아에 달라붙지도 않고 향긋한 우유 향이 가득하며 고급스러운 단맛이 납니다. 특히나 짭조름한 크래커 사이에 누가가 두툼하게 자리 잡아 한입 베어 물면 앞니의 반 이상이 폭 파묻힐 정도랍니다. 너무 달거나 자극적이면 금방 질리기 마련인데요. 맛의 밸런스가 좋아 적당히 달고 짭짤해 풍미가 엄청납니다. 인기가 많다 보니 한 사람당 10상자까지만 구매할 수 있어요. 상온에서 짧게는 2주, 길게는 한 달까지 보관할 수 있습니다. 상온에 두고 먹으면 누가의 쫀쫀함과 부드러움을 동시에 느낄 수 있고 전자레인지에 살짝 돌려 먹으면 누가가 살짝 녹아 더욱 부드러워요.

누가크래커를 성공적으로 구매하게 된다면 맞은편 공원 벤치에 앉아 갓 만든 누가크래커를 맛보세요. 아침부터 감동의 눈물이 줄줄 흐를지도 몰라요. 구하기 어렵다 보니 가족이나 정말 친한 친구 혹은 평소에 고마운 마음을 전하고 싶었던 사람들에게 드리게 되더라고요. 누군가 여러분에게 라뜰리에 루터스의 누가크래커를 선물했다면 여러분을 정말 아끼고 사랑한다는 뜻일 거예요.

송차이 툰

라뜰리에 누가크래커

오픈런 없인 구경조차 못하는 누가크래커

한국인에게
너무나도 유명한
〈라뜰리에 루터스〉
누가크래커

현금 결제만 가능하며
1인당 10상자까지
구매할 수 있어요
(1상자 16개입)

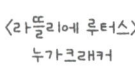

아침 8시 반~9시
사이에 열지만
7시부터 대기 필수

상온에서
2주~1달까지
보관 가능

구매하자마자
맞은편 공원에서
누가크래커
한번 먹어 보세요

누가가
엄청 두꺼워
한입 베어 물면
앞니 반이
파묻힐 정도

줄 선 자만이
맛볼 수 있는
최상의 맛을
느낄 수 있어요

적당히 달콤하고
담백 고소 짭짤해
풍미가 엄청난
천국의 맛

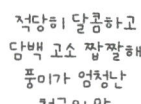

Map

라뜰리에 루터스(Latelier Lotus)

📍 No. 10, Lane 31, Yongkang St, Da'an District, Taipei City, 106

Memo

현금 결제만 가능합니다. 예약이 안돼 웨이팅하는 방법밖에 없어요. 매주 수요일마다 휴무이니 참고해 주세요.

라쁘띠펄
누가크래커

✕ 메뉴명
누가크래커(牛軋餠)

📍 판매처
라쁘띠펄(La Petite Perle)

💰 가격
5개입 60元, 16개입 180元

누가크래커계의 신흥 강자

　새롭게 떠오르는 누가크래커계의 신흥 강자〈라쁘띠펄〉은 2023년 겨울부터 한국인 관광객 사이에서 입소문을 타기 시작했어요. 소문을 듣자마자 바로 자전거 타고 달려가 누가크래커를 사 먹어 보았죠. 누가크래커를 전문으로 만드는 곳도 아닌 데다가 시골 마을에 있을 법한 빵집 분위기라 전혀 기대하지 않았는데 한입 딱 베어 무는 순간 느낄 수 있었어요. 이곳이 유명해지는 것은 시간문제다.

동네 빵집에서 이런 퀄리티가?

라쁘띠펄은 우거진 정원에 둘러싸여 있어 자세히 보지 않으면 지나치기 쉬운 동네 빵집이에요. 누가크래커는 누가와 크래커 각각의 맛도 당연히 중요하지만, 얼마나 조화롭게 어우러지는지에 따라 결정된다고 생각해요. 유명 매장인 〈라뜰리에 루터스〉를 제외한 다른 누가크래커는 크래커의 짭짤함이 너무 강하거나, 누가의 달콤함에 크래커의 짭조름함이 가려져 둘의 조화를 느낄 수 없었어요. 하지만 라쁘띠펄은 누가와 크래커 각각의 퀄리티는 말할 필요도 없고 둘이 완벽하게 어우러져 서로를 돋보이게 해 주는 매력을 가지고 있어요. 특히나 다른 누가크래커의 누가는 끈적해 치아에 달라붙는 경우가 많은데, 이곳의 누가는 치아에 붙지 않는 부드러운 식감이에요.

라뜰리에 루터스 누가크래커의 맛과 견주어도 손색이 없고 2시간 웨이팅을 하지 않아도 된다는 부분에서 경쟁력이 있다고 생각해요. 또 미리 매장으로 전화하면 필요한 수량만큼 예약할 수 있으며(당일 예약은 불가) 카드 결제는 물론, 대만의 교통카드인 요요카悠遊卡로도 결제할 수 있다는 점에서 가산점을 주고 싶어요. 실패 없는 누가크래커를 구매하고 싶지만 웨이팅할 시간과 체력이 부족하다면 라쁘띠펄에 방문해 보세요.

송차이 툰

라쁘띠펄 누가크래커

누가크래커계의 신흥 강자

정원에 둘러싸여 있어 지나치기 쉬운 동네 빵집으로

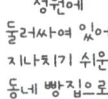

2시간 웨이팅 필수인 누가크래커 맛집 〈라뚤리에〉에서 도보 1분 거리에 있고

여행객 사이에서 입소문을 타고 유명해지는 중인 〈라쁘띠펄〉

관광객이 가장 많이 찾는 곳인 융캉제에 자리를 잡고 있어요

치아에 달라붙지 않는 퐁신 도톰한 최상급 누가와

웨이팅이 없고 전화 예약도 가능하다는 사실!

...!!

달콤 짭짤한 크래커의 퀄리티가 어나더레벨..

선물용으로 좋은 5개입짜리와 두고두고 먹기 좋은 16개입짜리가 있어요

현지인 사이에선
누가크래커보다
시나몬롤 맛집으로
더 유명한 라쁘띠펄

누가크래커와 시나몬롤 모두
흠잡을 곳 없이 완벽한 맛

가게 앞을 지나면
달콤한 계피 향이
코를 간지럽혀요

Map

라쁘띠펄(La Petite Perle)

📍 No. 25, Lane 243, Jinhua St, Da'an District, Taipei City, 106

에필로그

누구보다 열심히 먹고 놀고 웃고 울며 보낸 대만에서의 일년은 평생 잊을 수 없을 것 같아요. 혼자서 이민 가방과 캐리어 3개를 짊어지고 타오위안공항에 도착해 맡았던 눅눅한 대만의 공기부터, 지낼 집을 구하지 못해 게스트 하우스에서 낯선 이들과 지내며 대만에 괜히 왔나 싶어 혼자 울었던 순간까지. 그런 날들을 버텨낼 수 있었던 건 대만의 맛있는 음식들과 선뜻 나서서 친절함을 베푸는 따뜻한 대만 사람들 덕분이었어요.

대만에서 경험한 좋은 기억을 어떻게 하면 보답할 수 있을까 고민하던 중 감사하게도 대만 간식을 소개하는 여행책 제의가 들어왔습니다. 전문적인 지식도, 멋있는 글을 써내는 솜씨도 부족하지만 직접 느낀 대만을 꾸밈없이 전달하고 여러분의 대만 여행을 돕기 위해 이 책을 쓰고 그리게 되었습니다. 더 나아가 책을 읽는 여러분이 낯선 여행지에서도 새로운 음식에 쉽게 도전할 수 있도록 돕고 싶었어요.

매순간이 도전인 여행

사람마다 기준이 다르겠지만 '새로운 도전과 경험'이 여행의 매력이라고 생각해요. 새로운 곳으로 떠날 때마다 한국에서는 당연하게 여겼던 음식 주문, 지하철표 끊기, 길 찾기 같은 모든 일상이 언어의 장벽과 낯선 환경에 막혀 도전이 되기 때문이죠.

여행은 이러한 두려움과 걱정을 뛰어넘어 용기를 내는 순간 진정한 의미를 찾을 수 있어요. 새로운 음식 맛보기, 낯선 사람과 대화하기 등 이 모든 것들이 모여 여행을 더욱 특별하게 만들어 준답니다. 이러한 도전을 통해 여행을 진정으로 즐기고 있는 스스로를 발견하고 더 큰 세상에서 성장할 수 있는 기회를 얻는 것이죠.

이제는 여러분이 도전할 차례!

여행은 새로움에 대한 열린 마음이 필요해요. 앞서 말한 언어의 장벽이나 낯선 환경이 두려움과 망설임을 일으킬 수 있지만, 이러한 과정에서 느끼는 감정들이 여행을 더욱 풍부하게 만들어 줍니다. 이 책을 통해 여러분이 대만에서 다양한 도전과 경험을 할 수 있었으면 좋겠어요. 어디에나 나오는 흔한 정보가 아닌, 현지에서 직접 발로 뛰며 찾아낸 숨겨진 맛집 정보들을 통해 다양한 경험을 할 수 있도록 이끌어드리고 싶어요. 여행의 진정한 가치가 바로 이런 도전적인 순간에 있다는 걸 알려드리는 게 작은 목표랍니다.

이 책과 함께 모두 맛있는 대만 여행하기를 바랄게요!

송차이 드림

주문하신 대만 간식 나왔습니다

2024년 3월 20일 1판 1쇄 인쇄
2024년 3월 25일 1판 1쇄 발행

지은이 송채원(송차이)
펴낸이 이상훈
펴낸곳 책밥
주소 03986 서울시 마포구 동교로23길 116 3층
전화 번호 02-582-6707
팩스 번호 02-335-6702
홈페이지 www.bookisbab.co.kr
등록 2007.1.31. 제313-2007-126호

기획·진행 윤정아
디자인 디자인허브

ISBN 979-11-93049-35-8 (13980)
정가 19,800원

ⓒ 송채원, 2024

이 책은 저작권법에 따라 보호받는 저작물이므로 무단전재와 무단복제를 금합니다.
이 책 내용의 전부 또는 일부를 사용하려면 반드시 저작권자와 출판사에 동의를 받아야 합니다.
잘못 만들어진 책은 구입한 곳에서 교환해드립니다.

책밥은 (주)오렌지페이퍼의 출판 브랜드입니다.